AF218463

EL REAL HOSPITAL DE SAN LÁZARO

MATILDE FERNÁNDEZ ROJAS

EL REAL HOSPITAL DE SAN LÁZARO
Historia y patrimonio artístico de la leprosería sevillana

EDITORIAL UNIVERSIDAD DE SEVILLA

Sevilla 2025

Colección Arte
Núm.: 81

Comité editorial de
la Editorial Universidad de Sevilla

Araceli López Serena
(Directora)
Elena Leal Abad
(Subdirectora)

Concepción Barrero Rodríguez
Rafael Fernández Chacón
María Gracia García Martín
María del Pópulo Pablo-Romero Gil-Delgado
Manuel Padilla Cruz
Marta Palenque
María Eugenia Petit-Breuilh Sepúlveda
Marina Ramos Serrano
José-Leonardo Ruiz Sánchez
Antonio Tejedor Cabrera

Reservados todos los derechos. Ni la totalidad ni parte de este libro puede reproducirse o transmitirse por ningún procedimiento electrónico o mecánico, incluyendo fotocopia, grabación magnética o cualquier almacenamiento de información y sistema de recuperación, sin permiso escrito de la Editorial Universidad de Sevilla.

Motivo de cubierta: Imágenes varias del Real Hospital de San Lázaro

© Editorial Universidad de Sevilla 2025
  c/ Porvenir, 27 - 41013 Sevilla.
  Tfnos.: 954 487 447; 954 487 451
  Correo electrónico: info-eus@us.es
  Web: https://editorial.us.es
© Matilde Fernández Rojas 2025
Impreso en papel ecológico
Impreso en España-Printed in Spain
ISBN 978-84-472-2633-7
Depósito Legal: SE 94-2025

Diseño de cubierta: Inés Manzaneque Aguilera (inesmanzaneque306@gmail.com)
Maquetación: referencias.maquetacion@gmail.com
Impresión: Masquelibros

Agradecimientos

Archivo de la Diputación Provincial de Sevilla
Archivo General de Simancas
Archivo Municipal de Sevilla
Biblioteca Capitular y Colombina
Biblioteca de la Universidad de Sevilla
Dirección General del Hospital Universitario Virgen Macarena
Fototeca Municipal de Sevilla
Instituto Andaluz de Patrimonio Histórico
Museo de Bellas Artes de Sevilla
Universidad de Sevilla

Rubens Castillo
Rafael Cómez
Gabriel Ferreras
Javier Villar

Índice

Presentación

El Real Hospital de San Lázaro de Sevilla fue la primera institución de carácter benéfico asistencial creada tras la conquista castellana de la ciudad en 1248. Se trata de una fundación de patrocinio real de la que se conocen referencias documentales de su existencia desde Alfonso X, quien cita al Hospital, «la Casa de San Lázaro» y lo encomienda a su hijo Sancho IV.

Fue creado con la singularidad tipológica de leprosería, lo que justifica su advocación a san Lázaro, el patrón protector de los leprosos. Los afectados de esta enfermedad, considerada incurable y altamente contagiosa, permanecían de por vida en el recinto para evitar la propagación y el contagio. Esto determinó que el Hospital conformara un microcosmos, una ínsula apartada aunque vinculada a Sevilla por diversas circunstancias y vicisitudes.

En los diferentes apartados de este trabajo hacemos un recorrido histórico de la institución desde sus orígenes hasta nuestros días, exponiendo los datos que nos son conocidos sobre su fundación; régimen, cargos y normas que hicieron posible su funcionamiento hasta la pérdida del patronazgo real en 1854, cuando pasó a depender de la administración provincial. Su condición de leprosería la mantuvo hasta mediados del siglo pasado, produciéndose en 1991 su cesión por la Diputación de Sevilla a la Junta de Andalucía.

En los apartados dedicados al estudio de su evolución arquitectónica y de su patrimonio artístico –iglesia, torre de los Gausines, fachada renacentista, patios, retablo mayor y sus pinturas, esculturas y artes suntuarias– hemos intentado hacer una puesta al día de lo conocido hasta ahora, a través de los datos manifestados en las fuentes documentales y literarias, y por la bibliografía de referencia, auxiliados además por la planimetría histórica del edificio y los levantamientos más recientes.

Hemos de decir que San Lázaro se ha manifestado como depositario de una rica y compleja historia, y de un valioso patrimonio, del que han permanecido piezas de gran valor arquitectónico como la iglesia o la fachada renacentista. El Hospital obtuvo su primer aprecio legislativo y máxima calificación en 1964, cuando fue declarado monumento histórico artístico, quedando así integrado en el acervo artístico español. La Ley de Patrimonio Histórico

Español de 1985 lo incluyó en la categoría de Bien de Interés Cultural (BIC). Sin embargo, estas adscripciones legales protectoras del inmueble no han supuesto el cuidado y atención que merece, pues las piezas citadas están necesitadas de una pronta y muy necesaria restauración.

1. La fundación

El inicio del Real Hospital de San Lázaro de Sevilla lo remontan los antiguos cronistas al momento mismo de la conquista cristiana de la ciudad, cuando el rey castellano Fernando III mandó separar de su hueste a soldados afectados por la enfermedad de la lepra y alojarlos, para evitar su propagación, fuera del recinto amurallado, junto a una torre contigua al arrabal de la Macarena –denominada *de los Gausines* por haber sido levantada, al parecer, por unos hermanos moros así llamados[1]–. Muerto el monarca prematuramente, en 1252, su hijo y sucesor Alfonso X fue quien dio cumplimiento fundacional al hospital, ordenando que hubiese en Sevilla una casa «donde fuesen recogidos, alimentados y curados los gafos, plagados y malatos de todo el Arçobispado de Sevilla y Obispado de Cádiz, su sufragáneo. Para cuyo mejor efecto dotó la casa competentemente del patrimonio real» (Morgado 1587: II, 66-67). Quedaba así, claramente establecido, el ámbito territorial y la competencia jurisdiccional de la leprosería sevillana.

En el *Libro de Repartimiento de Sevilla*, que recogía los lotes o repartos realizados por Alfonso X en 1253 a los conquistadores y repobladores de la ciudad, en el apartado correspondiente a la partición de tierras y huertas adyacentes a la urbe, ya se refiere el topónimo de San Lázaro en la entrega a Juan de Cervantes, entre otras propiedades, de «dos arançadas de guerta a la carrera de Sant Lazaro a Juan de Cervantes». Esta «carrera de Sant Lazaro» vino a designar el camino que desde la puerta de la Macarena, la *bab al makrina* musulmana, conducía a la mencionada torre y pasaba por delante de la también denominada «huerta de Sant Lazaro». En otro asiento relativo a otra huerta próxima se indica que era «linde de la huerta de Sant Lázaro contra occidente en el pozo fuera del arrabal» (González 1951: II, 202 y 225).

Por otro lado, se conoce la carta que el 22 de agosto de 1284 Alfonso X dirigía a su hijo Sancho encomendándole el favor y amparo «de esta Casa de San Lázaro de Sevilla». Esta carta se inserta en la provisión otorgada por Alfonso XI el 13 de junio de 1334 (fig. 1), que a su vez resulta de un traslado documental realizado en Sevilla por el escribano Diego de la Barrera Farfán

---

1. Ortiz de Zúñiga (1795): I, 35-36, 327; Gestoso (1892): III, 522.

el 19 de mayo de 1574[2]. Es por tanto la carta de Alfonso X el Sabio la primera y más antigua referencia documental hasta ahora conocida del Hospital, que sitúa ya su existencia sin dudar en su reinado (1252-1284).

El monarca dotó a la fundación con bienes para su mantenimiento material, le concedió numerosos privilegios, franquicias y exenciones fiscales, que fueron confirmadas por los sucesivos reyes, como atestigua la documentación conservada. En el antedicho *Libro de Repartimiento de Sevilla* se indica que se dio al lazareto una finca –denominada por algunos autores *Macha al Wazir*– la citada Huerta de San Lázaro. Al mismo tiempo se creaban los cargos y figuras facultadas para el gobierno y la administración del recinto, y para hacer cumplir su principal función de internamiento y asistencia a los enfermos dentro de la casa «[...] su perpetua morada, hasta que muriesen, y que se les diera todo buen menester para su cura y alimentos y todo lo necesario, sin otro interés que rogar a Dios por los reyes que la fundaron, dotaron y favorecieron».

El Hospital de San Lázaro es, por tanto, la institución benéfico asistencial más antigua de Sevilla, y la única de fundación real conservada; un patronazgo que se mantuvo hasta el año 1854. Nacido con la singularidad tipológica de leprosería, ha mantenido ininterrumpidamente –durante casi ocho siglos– su uso sanitario hasta hoy, aunque ahora como un convencional centro hospitalario moderno. San Lázaro es, sin duda, depositario de una rica y compleja historia.

---

2. Esta documentación se conserva en el Archivo de la Diputación Provincial de Sevilla, *Hospital de San Lázaro*, legajo 1, y fue transcrita por Moreno Toral (1997): II, apéndice I, 203-206.

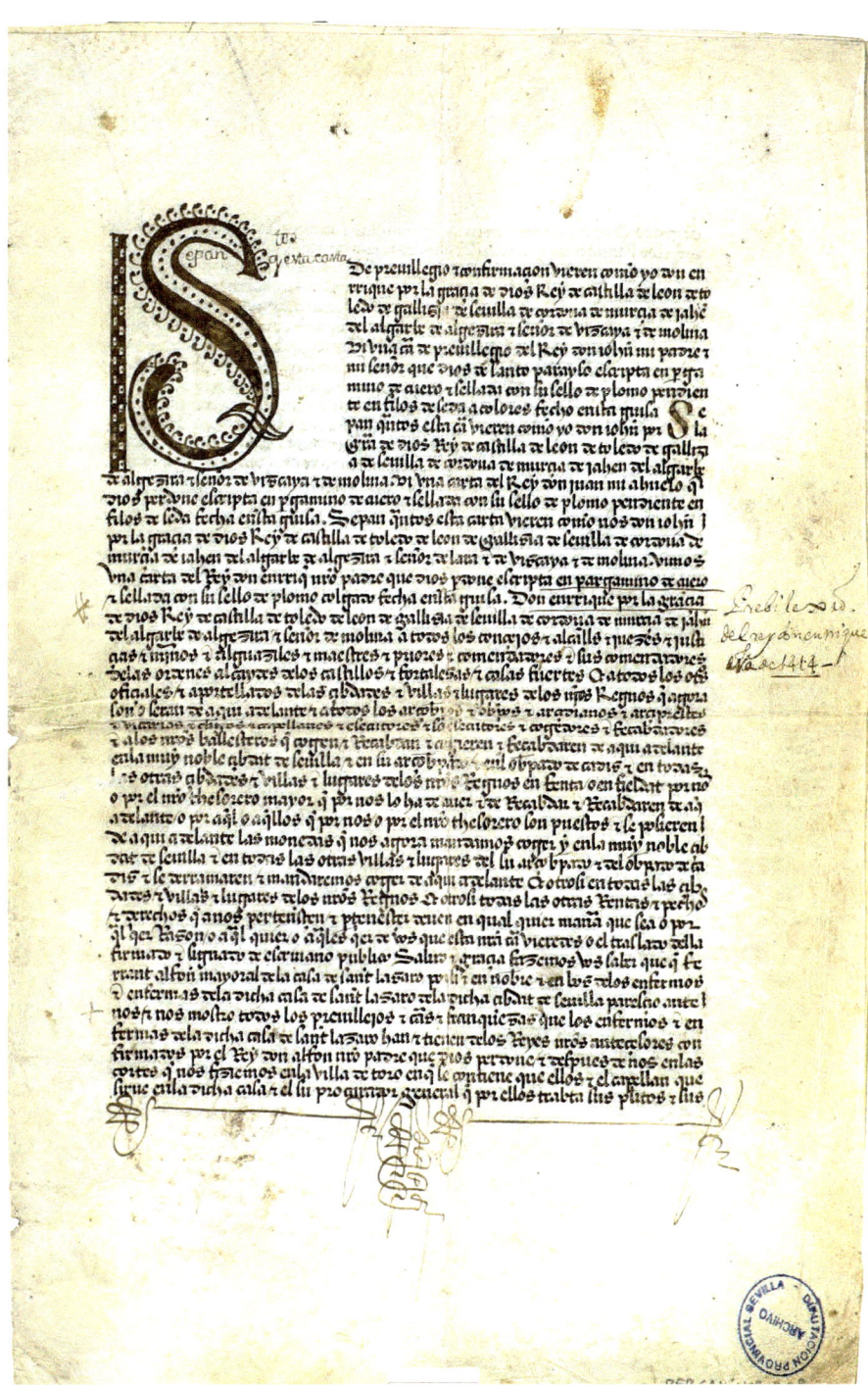

Figura 1. Enrique IV confirma al Hospital de San Lázaro de Sevilla los privilegios concedidos por sus predecesores. 1455

2. El lugar

El germen o punto de partida de Hospital fue, por tanto, una torre musulmana preexistente a la conquista cristiana, edificada por los hermanos alarifes llamados *Gausines*. Su emplazamiento se localiza al norte de la ciudad, en la margen izquierda del Guadalquivir y próximo a él, en lo que era una amplia zona de huertas y arbolado. Aunque alejado unos dos kilómetros de la muralla, el lazareto estaba bien comunicado con Sevilla por situarse al borde de una importante calzada que partía desde la iglesia de Santa Catalina, iba por las calles Bustos Tavera y San Luis hasta salir por la Puerta de la Macarena y, entre huertas, pasar por delante de la leprosería. Constituía una significativa vía –ya citada en antiguas fuentes literarias con relación a desplazamientos efectuados por el ejército romano– que ponía en comunicación Córdoba y Sevilla siguiendo la ribera del Guadalquivir. Todavía Collantes de Terán cuando escribe sus *Memorias históricas* en 1884 dice que vio restos de la calzada en el jardín del Hospital y en el costado izquierdo del camino del cementerio[3]. Era el camino histórico, el denominado *camino Real*, que con la construcción del Hospital de las Cinco Llagas, finalizada en 1598, lo flanqueaba por su lado izquierdo y viraba hacia la derecha, pasando por delante de San Lázaro (fig. 2).

La torre de los Gausines se encontraba contigua al arrabal islámico de la Macarena, barrio cuyo origen debió ser una alquería andalusí, y esta quizás una anterior villa rústica romana, en torno a la cual se fue desarrollando un núcleo poblacional hasta conformar el arrabal suburbano, que también contaba con una torre. Durante el asedio castellano a Sevilla, y en represalia por unas escaramuzas de los moros, fue lugar de un reñido combate por el infante don Enrique, los maestres de Calatrava y Alcántara y don Lorenzo Suárez, quienes saquearon el arrabal de Benhahoar –después denominado de *San Bernardo*– y el de la Macarena «de que sacaron mucho ganado, preseas y ropa: estaban muy fortificados y rodeados de hondas cavas, que no fue sin costa de mucha sangre». La torre que tenía asociada el arrabal fue igualmente expugnada por el ejército cristiano, quedando solo unos vestigios; en

---

3. Collantes de Terán (1884): I, 12-13.

la década de los años cincuenta del siglo XX su basamento de planta cuadrada se identificó con una alberca existente en la llamada huerta de la Fontanilla[4].

Hay que aclarar que este arrabal no es el actual, surgido con posterioridad, también extramuros, frente a la Puerta de la Macarena, y contiguo al citado Hospital de la Cinco Llagas[5].

En la zona norte y este de Sevilla, entre los fértiles terrenos del Guadalquivir y los arroyos Tamarguillo y Tagarete, se localizaban numerosas alquerías o casas de campo con tierras de labor, huerta y granja, algunas con posibles precedentes en *villae* romanas agrícolas, que conformaba un cinturón verde de abundantes plantíos y cuya producción abastecía a la ciudad. En estos campos se situaban diferentes torres almenaras o vigías que constituían un primer cordón defensivo de la capital, comunicadas entre sí mediante luminarias en caso de peligro. La mayoría de ellas han desaparecido, aunque en algunos casos ha quedado su recuerdo en la toponimia de su emplazamiento o en restos ruinosos (Torre de los Herberos, Torre Blanca). Ese debió de ser el origen de las torres del arrabal de la Macarena y la de los Gausines. Por los escasos elementos arquitectónicos originales conservados de esta, es considerada en efecto, una torre de carácter defensivo y militar[6].

El enclave donde quedó establecido San Lázaro hubo de ser considerado idóneo para la instalación de la leprosería, pues la consideración social de la enfermedad como altamente contagiosa, crónica e incurable, hacía obligatoria su ubicación extramuros de las poblaciones; alejado de ellas, pero próximo a un camino donde los enfermos pudieran recabar limosnas a los viandantes. Por otro lado, se creía que, a falta de un tratamiento médico eficaz de sanación, la cercanía a las corrientes de los ríos, en un entorno abierto y campestre, aliviaba la salud de los contagiados.

4. Collantes (1950): 19.
5. Ortiz de Zúñiga (1795): I, 19, 35 y II, 349.
6. Cómez (1991): 49.

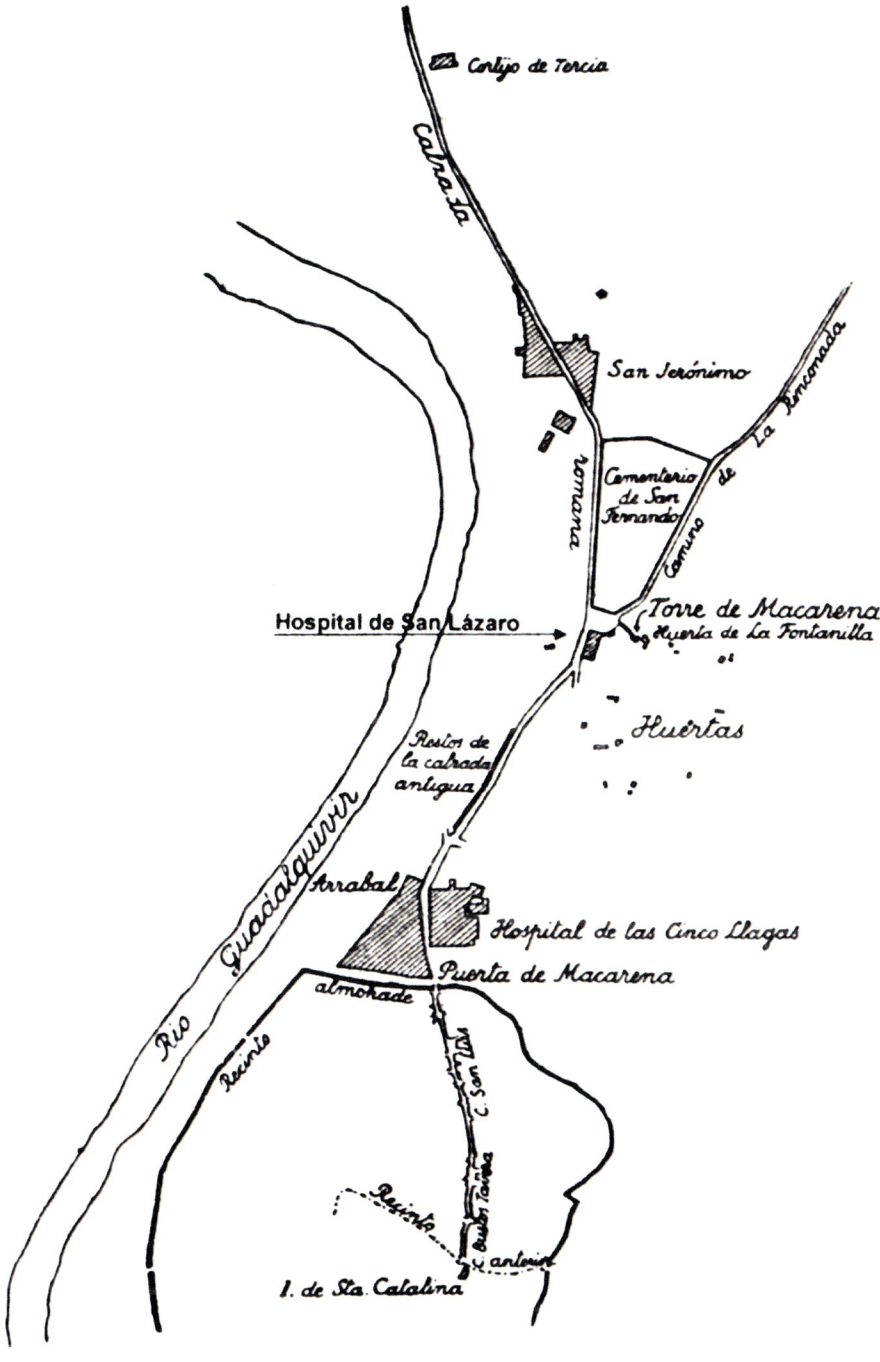

Figura 2. Dibujo de la ubicación y el entorno del Hospital de San Lázaro
(Collantes de Terán 1884)

3. La enfermedad

La lepra fue conocida y citada desde la antigüedad en imprecisas descripciones que evidencian que no se trataba de una única afección, sino de diversas patologías dermatológicas o procesos ulcerosos, que recibían distintas denominaciones: *elephantiasis*, *gafedad*, *malatería*, *mal de san Lázaro*, *lepra*, etc. Será en la segunda mitad del siglo XIX cuando se conozca el agente causante del mal, el llamado *bacillus leprae* o *bacilo de Hansen*, aunque aún no se llegó a un tratamiento curativo, siendo declarada todavía una enfermedad «virtualmente incurable», y manteniéndose por ello la recomendación del aislamiento y reclusión de los afectados como la mejor formar de prevenir el contagio y la propagación.

El apelativo de *mal de san Lázaro* y su adscripción al santo se produjo en la Edad Media y presenta la confusión entre dos figuras evangélicas con el mismo nombre: la de la parábola de Jesucristo recogida en el Evangelio de san Lucas (16: 19-31) sobre el mendigo Lázaro considerado leproso y el rico avariento Epulón; y por otro lado, Lázaro de Betania, hermano de Marta y de María Magdalena, resucitado por Jesús (Juan 11: 41-47) y quien, según la tradición de la Iglesia occidental, llegó a Marsella, en donde fue su primer obispo, siendo luego martirizado y muerto decapitado durante la persecución de los cristianos. Parece que este Lázaro prevaleció y dio nombre a la enfermedad y a los hospitales o casas de leprosos, que quedaron bajo su patronazgo y protección. Sin embargo, esta dualidad o equívoco se ha visto reflejado en la iconografía a la hora de representarlo, tanto en su calidad de obispo en el momento de su resurrección milagrosa por Jesucristo, o como pobre llagado, modalidades con las que se encuentra personificado en el propio hospital sevillano.

La enfermedad se había asociado en las fuentes bíblicas a un defecto moral de quien la padecía, al que había que apartar de la sociedad por ser considerado «inmundo [...] está impuro, y habitará solo; fuera del campamento será su mora» (Levítico 13: 44-45). Esta proverbial reprobación y el temor al contagio tuvieron importantes consecuencias para el afectado, que quedó repudiado, marginado e incapacitado socialmente. Es conocido el ritual practicado en la Europa cristiana medieval denominado *separatio leprosorum*, oficiado por un sacerdote que vertía tierra sobre la cabeza del leproso y pronunciaba las siguientes palabras: *Sic mortuus mundo. Vivus iterum Deo*, «Estás muerto para el mundo. Volverás a vivir con Dios» (Contreras Dueñas y Miquel Suárez (1973): 32). La truculenta ceremonia, semejante al oficio de difuntos, representaba la muerte civil y social del enfermo y su reclusión en un lazareto, si existía, o en una cabaña aislada. Se le leían las reglas y las prohibiciones que regirían su existencia, como la de no poder entrar en las poblaciones, no vivir entre los sanos, no lavarse en los ríos, tener que deambular por sitios señalados vestido con un sayal que le identificaba, y tocar una campanilla con la que anunciar su presencia cuando recababa limosna (fig. 3).

Fue la Iglesia y su compromiso de caridad hacia el prójimo, la que desde fecha temprana asumió la responsabilidad de la asistencia a los pobres, enfermos y desvalidos en general, y por ende a los leprosos, procurando mediante el cuidado y las limosnas al necesitado la propia salvación del alma cristiana. Esta beneficencia fue favorecida por los papas y regulada en los concilios (V Concilio de Orleans, 549; III Concilio de Letrán, 1179), en los que se fueron perfilando el estatus especial del leproso, como la exención del pago del diezmo y otros impuestos, o la reclusión obligatoria hasta su fallecimiento en lazaretos a las afuera de las ciudades. Esto trajo consigo el aumento de estos hospitales específicos y una organización benéfica sanitaria, las llamadas en la documentación *Casas de San Lázaro*. Se les dotó de cementerio y, desde el referido Concilio de Letrán, de capilla o iglesia con sacerdote propio encargado de administrar los sacramentos, que incluían el casamiento entre los enfermos, cuyas restringidas vidas transcurrían en un régimen casi conventual, bajo rígidas ordenanzas, que, de ser transgredidas, conllevaban el consiguiente castigo e incluso el arresto en la propia prisión de la leprosería.

Por su parte, los monarcas, como *vicarios de Cristo*, harán suyas las virtudes cristianas y tomarán el testigo en tiempos medievales del apoyo a los pobre y enfermos, erigiendo y dotando hospitales, y concediendo prerrogativas y exenciones para su desarrollo y mantenimiento. Esta caridad ejercida por el rey mediante una política de beneficencia hacia los necesitados le otorgará prestigio y munificencia ante sus súbditos, además de la gratitud de los beneficiados. Se considera que el primer lazareto en España fue el fundado por Sancho II en Palencia, en el año 1067.

En la Edad Media la lepra fue una epidemia inexorable en el occidente europeo, con un alto nivel de prevalencia y extensión entre los años 1000 y 1400, y cuya propagación se relaciona con el intenso comercio por el mediterráneo, con las cruzadas a Tierra Santa y con el Camino de Santiago. España no quedó al margen de esta situación, dado que en la zona musulmana no se producía la separación entre contagiados y sanos. En el siglo XV parece que la infección descendió en Europa, no así en la península, donde su declive no se

Figura 3. Leprosos pidiendo limosna a las puertas de la ciudad
(Vincent de Beauvois, *Speculum majus*, siglo XIII)

hace patente hasta el siglo XVII, con una regresión en los siglos siguientes. No obstante, la enfermedad se prolongó hasta fechas relativamente recientes.

En la segunda mitad del XIX, la ciencia médica comenzó a zanjar el debate sobre el contagio de la lepra, aunque siguió considerándola incurable. Precisamente en Sevilla se sabe de la actividad de un destacado médico, Bonifacio Ximénez de Lorite (†1797) quien llegó a razonar y a aclarar equivocaciones en los diagnósticos, proponiendo nuevas pautas a seguir en el tratamiento de los afectados, acciones que hubieron de tener reflejo en el lazareto sevillano, donde fue médico durante más de veinte años. Es en los años veinte del siglo pasado cuando comienzan a aplicarse los primeros tratamientos con éxito, con una medicalización efectiva. Ya en la década de los cuarenta se consiguen remedios que normalizan la enfermedad, que pierde su carácter de incurable, y con ello se produce la progresiva desaparición de las leproserías.

4. La institución

El Real Hospital sevillano fue el resultado de la política asistencial desarrollada por la monarquía hispana que, como fundadora y titular de la institución, posibilitaba su existencia, desarrollo y mantenimiento mediante donaciones, privilegios y exenciones, además de dotarlo de reglas y constituciones para su gobierno. Así se pone de manifiesto en la valiosa documentación sobre la leprosería conservada en el Archivo de la Diputación Provincial de Sevilla, en las referencias de los antiguos cronistas, y en los recientes trabajos de investigación sobre la asistencia hospitalaria en la ciudad, que han significado una valiosa aportación a su mejor y más ajustado conocimiento histórico. Reglas, ordenanzas e inventarios nos permiten tener una contrastada idea del ordenamiento jurídico, organización y administración, y del gobierno de San Lázaro, los cargos que lo regían, los bienes que poseía, y demás circunstancias que regularon el funcionamiento de la singular vida del Hospital (figs. 4 y 5).

No se ha conservado, sin embargo, el privilegio fundacional de Alfonso X, siendo el primer documento escrito original existente sobre San Lázaro la ya referida carta que en 1284 el monarca envía a su hijo Sancho, dándole instrucciones para la administración de la casa y de los enfermos: «sin permitir que ninguno tocado de esta enfermedad pueda ser recogido, ni amparado, ni curado en alguna casa de algún poderoso hombre, so graves penas y perdimiento de bienes». Sí se conserva el privilegio otorgado por Enrique III el 31 de diciembre de 1393, donde hallamos las primeras constituciones de las que hay constancia documental. En sus cincuenta y seis títulos se establecen la forma de organización de la institución, los cargos y funciones de sus administradores, y los derechos y obligaciones de los enfermos y servidores[7].

Los monarcas de cada momento fueron confirmando los antiguos privilegios, además de disponer nuevas provisiones y cédulas para regular y corregir cuestiones surgidas con el discurrir de los años. Así, los Reyes Católicos efectuaron una activa y significativa política de intervención y recopilación

---

7. Archivo de la Diputación Provincial de Sevilla (ADPS). Fondo *Hospital de San Lázaro*, legajo 1, *Libro de Constituciones de este Real Hospital del Señor San Lázaro extramuros de Sevilla*.

Figura 4. Portada del libro de protocolo de las *Casas, tributos y propiedades del Hospital de San Lázaro.* 1648, firmado por Juan Capilla

de las ordenanzas anteriores, con el fin de que «el mayoral e enfermos e personas e oficiales de la dicha casa [...] puedan vivir en buena gobernación y justicia [...] para mejoramiento de sus vidas e salvación de sus animas en buen regimiento de ellos e de la dicha casa». Estos monarcas, por real cédula dada en Sevilla el 8 de agosto de 1478, definieron funciones y cargos; dotaron a la leprosería con doce mil reales anuales; regularizaron las fiestas religiosas a celebrar; y exigieron un mayor rigor en la recogida y reclusión de los contagiados, sin distinción de clase social o fortuna, multando a los que las desobedecieran, incluido el mayoral, el encargado de llevar a efecto esta cuestión.

Y es que la máxima autoridad en el gobierno del Hospital y su hacienda la ostentaba el denominado *mayoral mapastor*, quien, designado por el rey o el Consejo de Castilla entre personas de la nobleza o de alguna orden militar, prestaba juramento ante los enfermos y demás oficiales que, reunidos en cabildo, confirmaban el nombramiento. Además de estar facultado para hacer ingresar obligatoriamente a los contagiados, tenía poder para juzgarlos y

Figura 5. Detalle de la letra capital de una bula del Hospital de San Lázaro de Sevilla. 1455

castigarlos sin intromisión de otras justicias y tribunales eclesiásticos o seculares del reino, en ningún tipo de delito –excepto el de alevosía– contra la corona, como aparece recogido en la cédula expedida el 7 de noviembre de 1548 por Carlos I. El mayoral podía imponer castigos, multas y penas de prisión, a cumplir en la cárcel del lazareto, como así constaba en el ya citado privilegio dado en Sevilla el 13 de junio de 1334 por Alfonso XI[8].

El mayoral gozaba de grandes franquicias y privilegios, y de una renta perpetua, debiendo residir en el Hospital, donde era ayudado, en el gobierno y cumplimiento de las reglas, por asesores que él mismo elegía de entre «buenos homes, de buena fama, e de buena conciencia»; eran los cargos de procurador general y de procuradores particulares, cuya elección era igualmente sancionada en cabildo de enfermos, donde se les tomaba juramento. Los procuradores tenían asignado un salario anual y debían, además, recaudar fondos distintos a los recabados *via* limosnas.

El resto de oficiales de la casa se elegía también de forma mancomunada: el clavero era el responsable de la gestión económica y de la administración, fiscalizaba los ingresos por donativos, capellanías, explotación del patrimonio, así como el reparto a los enfermos de dinero, ropa, ración de alimentos y demás bienes.

8. Un estudio detallado del gobierno y administración, cargos y figuras del Hospital de San Lázaro en Moreno Toral (1987), Gómez Mampaso (1996) y Mestre Navas (2017).

El escribano constituía otro cargo destacado al actuar como fedatario y escribiente en todo lo tocante a los arrendamientos, recepción de contagiados y servidores, percepción de limosnas, testamentos de los leprosos y de las cuentas de las obras y reparos, entre otras tareas, ayudando además al clavero en la contabilidad de los bienes. Asimismo, acompañaba en los pleitos y litigios al juez conservador, el encargado de la defensa de los intereses de la institución en procesos judiciales y controversias.

Figuras inherentes al Hospital fueron los denominados *bacinadores*, cuyas primeras referencias se hallan en las ordenanzas de 1393, que dedican tres títulos a su nombramiento, regulación y funcionamiento. Eran los encargados de pedir limosna para ayudar al sustento de la institución, siendo nombrados y autorizados por el mayoral de entre personas ajenas al lazareto. La denominación de estos limosneros provenía de la bacina (caja o bolsa) en la que se depositaban los donativos. Inicialmente el número de bacinadores fue de cien para otros tantos lugares señalados del arzobispado de Sevilla y obispado de Cádiz, aunque en una cédula de 1413 del rey Juan II se citan ochenta, y en una sentencia de 1459 se da la cantidad de setenta y cinco[9]. Los Reyes Católicos dispusieron que fuesen cien y que se les respetasen los privilegios y franquicias concedidos por sus antecesores.

En efecto, el cargo de bacinador conllevaba una serie de exenciones de pagos de tributos que a lo largo de los siglos suscitó conflictos con las justicias y autoridades civiles y eclesiásticas, dando lugar a un gran número de pleitos. Por otro lado, en una provisión del Consejo de Castilla se dispuso que «en el radio de la ciudad de Sevilla, hubiera 25 bacinadores, uno por cada collación [...] que tuviera por conveniente el mayoral». En una carta del 23 de diciembre de 1418, el arzobispo instaba a los clérigos de la diócesis a que no obstaculizaran a los bacinadores en la demanda de limosnas en sus respectivas iglesias, requerimiento que se repite en los años 1482 y 1517.

Los enfermos, por su parte, podían en ciertos momentos recaudar donativos en la catedral, en determinadas iglesias, y en la cruz del camino situada frente al lazareto. Era además costumbre desde la fundación que cuatro enfermos entraran a Sevilla diariamente a pedir limosna, lo que hacían desde sus cabalgaduras de las que no podían bajar y haciendo sonar las tablillas o tarreñas para anunciar su presencia y solicitar la ayuda, ya que tampoco podían hablar:

> Los tales malatos [...] salen cuatro de ellos por su orden cada día a demandar limosna por la ciudad cada uno en su caballo. Y porque conforme a su instituto no pueden demandarla hablando, traen unas tablillas que le sirven de lengua en este menester (Morgado 1587: II, 67).

---

9. La relación de las cien localidades con bacinadores en Collantes de Terán (1884): I, 40-41.

No menos importante fue la figura del capellán, igualmente recogida en la documentación de referencia, a cuyo cargo estaba la vida espiritual de los ingresados y la iglesia propia del Hospital, de concesión papal. Residía en el lazareto y administraba los sacramentos, entre ellos el de matrimonio y velaciones con misa nupcial tras el casamiento, guiaba a los malatos en el vivir cristianamente y los preparaba para bien morir. Cada día tenía lugar la celebración de misa rezada por el alma de los reyes que fundaron, dotaron y favorecieron la casa, así como por todos los bienhechores y por la salud del monarca reinante del momento.

San Lázaro contó con el personal necesario encargado de la atención sanitaria, citándose un médico y un cirujano, enfermeros, topiqueros y sangradores, si bien la terapia practicada era solo paliativa basada en medidas higiénicas y dietéticas, hasta el advenimiento de los posteriores avances médicos que fueron imponiendo la aplicación de tratamientos medicinales. Igualmente, la casa tuvo una serie de personal de carácter doméstico y de servicio como cocinero, despensero, acemilero, portero, lavandera y panadero, entre otros servidores que atendían las necesidades básicas cotidianas de los ingresados y de la propia casa.

Una particularidad del Hospital que no pasa desapercibida es la participación de los enfermos, como comunidad, en los asuntos de la institución, como ya hemos reseñado. Reunidos en asamblea con el mayoral –la máxima autoridad y *alter ego* del rey– y demás oficiales, tenían una cierta capacidad decisoria, una singularidad que diferenciaba a San Lázaro de los otros hospitales de la ciudad. Por otro lado, su ordenamiento jurídico con sus ordenanzas, reglas y constituciones, fue considerado uno de los más elaborados con respecto a los de otras instituciones asistenciales, regulando los diferentes aspectos de la vida de los contagiados y de los funcionarios que lo gestionaban. Su organización constituyó un modelo a seguir, influyendo en la conformación de lazaretos de nueva creación, especialmente en los territorios indianos[10].

Hay que señalar que la leprosería sevillana no subsistió solo de las limosnas que agenciaban bacinadores y enfermos, pues desde su creación, por donación real, contó en la carrera de San Lázaro e inmediaciones del Hospital con una serie de predios delimitados y dedicados a la explotación agrícola, en «infinidad de fértiles huertas que por todas partes le rodean». Algunos eran trabajados por los propios internos como huertos, quizás como fuente complementaria de alimentos o como espacio de recreo, como se manifiesta en una memoria manuscrita de 1829: «Al Poniente de este edificio y contiguo a él se encuentra una huerta de algunas aranzadas de tierra de cultivo,

10. Borrego Pla (1990): 163-196.

perteneciente al mismo establecimiento y con destino, entre otras cosas, al recreo y distracción de los enfermos permitiéndoseles pasar a ella en ciertos días» (Ruiz Vega 1829: 107).

Pero era el alquiler de las huertas el que proporcionaba, con su usufructo, productos y dineros a la institución, como ya se evidencia en las citadas ordenanzas de 1393. En la documentación manejada se recogen los nombres de algunas de ellas: Huerta del Sol, Huerta Grande, Huerta Nueva –donde se construyó en 1852 el cementerio de San Fernando–, El Picacho, La Hoya, Huerta Chica...

Asimismo, el Hospital contaba con un patrimonio inmobiliario recibido por donaciones, legados testamentarios, privilegios y otros mecanismos como la compraventa y el trueque, que también le reportaron beneficios, según revelan los datos vertidos en el libro de protocolo de bienes conservado. Por otro lado, el ingreso de los enfermos determinaba la confiscación de sus bienes muebles y raíces en beneficio de la casa, «exceptuando el caso en que tuviesen hijos o nietos, pues entonces se tomaría el quinto», según queda recogido en la cédula expedida por los Reyes Católicos en Jerez de la Frontera el 2 de noviembre de 1477.

5. El recorrido histórico

A lo largo de los siglos y hasta mediados del XX, cuando dejó de ser leprosería, San Lázaro conformó un microcosmos, una ínsula apartada a causa de su obligado aislamiento. No obstante, las referencias documentales y literarias nos hablan de su vinculación a Sevilla, siendo testigo y en ocasiones partícipe, en su dilatada existencia, de algunos hechos significativos, sobre todo de carácter religioso.

Debido a su emplazamiento como hito destacado de acceso a la ciudad, el Hospital fue elegido como punto de inicio del recibimiento que se hizo en 1508 a Fernando el Católico y a su segunda esposa, Germana de Foix, antes de entrar en Sevilla. El sábado 28 de octubre los monarcas hicieron un alto en San Lázaro, a donde se habían traslado los cabildos eclesiástico y municipal para recibirlos, momento en que le fue entregado al rey de manos del asistente don Íñigo de Velasco una corona imperial. Para la ocasión se había procedido a adecentar la calzada desde La Rinconada hasta la Puerta de la Macarena, y a ambos lados del camino de San Lázaro se alineó la milicia urbana, que incluía una guardia infantil; todos ellos rindieron homenaje a los reyes hasta su acceso a la capital[11].

Igualmente se detuvieron en el Hospital Isabel de Portugal, el 3 de marzo de 1526, y unos días después Carlos I, venidos a contraer matrimonio en el Alcázar sevillano:

> Y como llegase a tres días de Marzo a la iglesia de San Lázaro, que es fuera de Sevilla, casi a una milla, salió la Emperatriz [...] Salieron los dos cabildos, el eclesiástico, con su cardenal arzobispo, don Alonso Manrique, y deán, don Pero Manuel, el secular con su asistente, hasta cerca de San Lázaro, donde llegaba la Emperatriz en la litera [...] luego el sábado siguiente, a 10 de marzo vino el Emperador para entrar en Sevilla [...] luego otro sábado siguiente, desde ocho a ocho días [...] entró el emperador y salieron todos de aquella parte de San Lázaro. (Biblioteca Capitular y Colombina 1959: 84 y 87)

---

11. Sobre la venida de Fernando el Católico a Sevilla *vid.* Lleó (1978): 9-23.

A la iglesia lazarina acudían de continuo fieles devotos con ocasión de celebraciones religiosas, así como en piadosas rogativas ante las recurrentes epidemias y desgracias que acuciaban a la ciudad. El antiguo cronista Luis Peraza señala que la iglesia era de «mucha devoción donde van a tener novenas la gente de Sevilla en especial en tiempos de tribulación». Anualmente tenía lugar la celebración de la fiesta en honor del santo titular, que contaba con cofradía de hermanos fundada según algunos cronistas en tiempos de Alfonso X, aunque según el pergamino conservado en el Archivo de la Diputación de Sevilla (número 222) fue el 4 de mayo de 1484 cuando se fundó.

Refiere el abad Alonso Sánchez Gordillo en su *Memorial de las religiosas estaciones que frecuenta la devoción popular*, redactado en el primer tercio del siglo XVII, que el viernes y domingo de Cuaresma visitaban la Casa los afectados de alguna enfermedad buscando la intercesión de san Lázaro, con voto de limosna en trigo o su valor en dinero,

> y para ello hay un peso de madera, donde se pesan los que han convalecido de sus males y con ciertas pesas correspondientes pesan y regulan el trigo que pesan, y lo dan en especie o en equivalencia de dinero, conforme al precio que vale y así se ha observado y continuado esta devoción de larga tradición de tiempo.

Señala además que la figura escultórica del santo que presidía el altar mayor se hallaba «vestido de damasco carmesí con una gorra de la misma seda al uso antiguo, la cual se lleva por devoción a los enfermos».

Collantes, que escribe en 1884, refiere la existencia en el ábside del templo de un pequeño adoratorio donde se veneraban reliquias de san Lázaro obispo de Marsella y hasta su propio sombrero, formado con paños de seda, pero no correspondiente a época tan remota, nos dice, y cómo personas aquejadas de enfermedades de la piel acudían para colocárselo en la cabeza y así ser sanados por su milagrosa intervención.

También de época fundacional se cita la cofradía de san Blas, en la que eran recibidos como hermanos todos los lacerados, así como el mayoral, y en la que se inscribieron «personas de la mayor distinción». Este santo mártir, médico y obispo de Sebaste, alcanzó un intenso culto en la Edad Media como patrono de los enfermos de afecciones de garganta.

Asimismo, consta la fundación en 1613 en la iglesia lazarina de la hermandad del *Cristo humillado* o *de la Humildad y Paciencia*, germen de la cofradía conocida hoy popularmente como de la Cena, y que, por la larga distancia de la ciudad para hacer estación, pasó a instalarse en la iglesia conventual de san Basilio[12]. Hay referencia a la existencia de otra hermandad bajo la advocación de Nuestra Señora de la Esperanza que se cita desde el año 1679.

---

12. Bermejo y Carballo (1882): 117.

Se ha señalado que la hermandad del Silencio, considerada la más antigua de Sevilla, realizó su primera salida procesional el 14 de abril de 1356 desde la ermita de san Antón –donde radicaba en esa fecha y situada en el Campo de la Resolana– a la iglesia lazarina. Los hermanos marchaban portando pesadas cruces al hombro, por lo que fue denominada *cofradía de las Cruces*, y el camino por donde transitaban hasta San Lázaro el *campo de las Cruces*[13].

El Hospital contó desde antiguo de una galería cubierta en su fachada, que servía a los transeúntes de lugar de cobijo y descanso, y donde hacían noche de vigilia los que acudían a la celebración de la fiesta religiosa en honor de san Lázaro. Por otro lado, se documenta que la reina doña Juana I, por un privilegio expedido en Buitrago el 14 de junio de 1508, dispuso que Sevilla pagase anualmente a la Casa de San Lázaro mil maravedíes para atender al mantenimiento de la alcobilla por el servicio que prestaba a los que transitaban por el Camino Real. La *alcobilla* o *alcubilla* designaba al arca de agua donde bebían los viajeros y las caballerías en sus dos pilas. Se señala también la existencia de una taberna en las inmediaciones del Hospital y de su propiedad, que parece funcionaba desde la Edad Media, pues en las ordenanzas de 1393 se alude al «mesón, que es cerca de la dicha casa», con la exigencia de que el mayoral lo arrendase por la mayor cuantía posible, incluidas algunas gallinas. El mesón era frecuentado por los leprosos, a los que se les castigaba al ser encontrados allí bebiendo y jugando.

A punto estuvo San Lázaro de desaparecer cuando en 1583 se puso en marcha en Sevilla, por orden real, la denominada *reducción* o *reunificación* de hospitales, con el objetivo de eliminar los numerosos y modestos centros asistenciales pertenecientes en su mayoría a cofradías gremiales y a hermandades piadosas y penitenciales, para concentrarlos en dos grandes hospitales que ofrecieran una atención más efectiva y completa[14]. El proceso fue dirigido por don Rodrigo de Castro, llegado a la ciudad en el citado año de 1583 y todavía obispo –el nombramiento de cardenal se produjo en 1585–, quien, junto con el licenciado Barrionuevo de Peralta, electo por la corona, el aguacil Bartolomé de Fuentes y el escribano Francisco Carrión comenzaron las pesquisas y visitas para recabar información sobre las características y capacidad asistencial, la administración y el gobierno, y efectuar la valoración de los bienes y hacienda de los hospitales en cuestión. Se solicitaba la pertinente documentación, que era depositada en la notaría del referido Carrión mientras que alarifes nombrados al efecto medían, tasaban y describían los inmuebles. Con estas averiguaciones, el arzobispo determinaba los hospitales a reducir, mandando relación al Consejo Real, que emitía el veredicto final sobre el plan de reunificación propuesto.

13. Bermejo y Carballo (1882): 194-196; Carrero Rodríguez (1984): 369.
14. Sobre la reducción de hospitales *vid.* Carmona García (1989).

Conocidas estas circunstancias, en septiembre de 1583 el mayoral, clavero, asesores y enfermos de San Lázaro, escriben al rey en defensa de su especial estatuto de patronazgo real, aduciendo además que los leprosos son libres y que la casa no es hospital, sino una congregación de vecinos enfermos, que cada uno vive por sí con su mujer e hijos y que calzaban y vestían a su costa. El monarca contesta, no obstante, que en el plazo de seis meses tendría lugar la visita, lo que se lleva a efecto en septiembre de 1584 por el referido licenciado Barrionuevo, junto con los canónigos de la catedral Pedro Bélez de Guevara y Juan Rodríguez, el licenciado Hernando de Maseda, y los alarifes Alonso Tiscarreño y Juan Felipe. El 20 de noviembre se hace petición de las escrituras, títulos y demás libros, volviéndose a requerir por carta del arzobispo el 9 de enero de 1585, lo que no se produce hasta el 20 de agosto de ese año, momento en que el Hospital otorga poderes al procurador Bartolomé de Celada para que represente al mayoral en el pleito que se entabla para evitar la reducción del lazareto.

El 5 de diciembre de 1584 se había tomado declaración al mayoral Álvaro Vélez de Alcocer y de nuevo el 5 de enero de 1585. El 12 de enero de este año los citados alarifes emiten informe por escrito con la descripción y tasación de la casa, la cual valoran en «diez y seis mil ducados, poco más o menos» (Moreno Toral 1995: II, apéndice III, 270-274). El fiscal dictamina su reducción ante lo que se apela aportando la declaración de diversos testigos cualificados de la ciudad como la del médico Cristóbal de León:

> la casa de San Lázaro no es hospital, sino iglesia antigua de tiempo inmemorial a esta parte... En la qual a Yglesia, e Santísimo Sacramento, e pila de bautismo, e curas, e capellanes como en todas las parroquias desta çibdad de Sevilla [...] que la enfermedad del señor San Lazaro es peligrosa e contagiosa, e dificultossa de curar, por lo qual hebitando el contagio de los hombres que con ellos conberssaren es costumbre justa y muy buena para la conservación de la rrepublica, como siempre se ha guardado, e se guarda, en los lugares donde ay casa de los enfermos del señor San Lazaro estén fuera de los muros de la çibdad e será justo e muy bien mandado que la cassa de los enfermos del dicho mal desta çibdad de Sevilla se esté en el lugar y sitio donde agora está, como fue siempre su primera su fundación porque los tales enfermos no es bien que comunique dentro de la rrepublica para ynfiçionar a la gente [...] la cassa no se puede rreduçir a otros hospitales ni otros a él y la reduçion sería muy dannosa a la rrepublica, por las rrazones[15].

Finalmente, la leprosería sevillana no fue reducida.

---

15. La documentación relativa a la reducción del lazareto en, ADPS, *Hospital de San Lázaro*, legajo 30, «Expediente sobre el intento de reducción del Hospital de San Lázaro de Sevilla 1583-1585».

Sabemos que San Lázaro acogió a algunos de los contagiados por la voraz epidemia de peste que asoló Sevilla en 1649, en concreto a las mujeres, «donde de ordinario había seiscientas convalecientes». Así en la provisión del Consejo Real, de fecha 30 de agosto de 1652, se conminaba al cabildo de la ciudad a que acabase de pagar al Hospital lo que se le adeudaba por los gastos de asistencia y reparos que fueron necesarios. Dichos gastos se habían tasado en siete mil cuatrocientos reales, de los que solo se habían librado tres mil quinientos, y se daba un plazo de diez días siguientes a la notificación de la citada provisión[16].

Como obra pía patrocinada y protegida por la corona hispana y receptora de innumerables legados y donaciones, la casa de San Lázaro llegó a poseer numerosos privilegios reales y también pontificios, y a atesorar propiedades en Sevilla y su ámbito que nos son conocidos por el libro de protocolo de 1648[17]. Sin embargo, en su largo decurso histórico se vislumbran momentos de desgobierno y falta de atención, ruina, decadencia y gestiones poco modélicas. De esta situación se da cuenta en las denominadas *visitas*, un instrumento de control de las instituciones de patronazgo real que periódicamente se efectuaba para conocer las necesidades, corregir abusos, evitar corruptelas en la administración, y en general conocer el estado del gobierno y de la fábrica del edificio.

En 1682, el rey comisionaba al canónigo de la catedral Justino de Neve y Chaves para que procediera a la visita del lazareto, «por necesitar el hospital algunos reparos en su fábrica y gobierno». El 22 de noviembre de ese año y acompañado del escribano Diego de Villarroel, Neve revisa el estado de la iglesia y sus piezas de culto como sagrario, altares, capillas, cajonerías y todo lo tocante al servicio divino, señalando que estaba «limpio y compuesto». El 24 de ese mes se solicitan los libros de títulos, rentas, posesiones, etc., que debían ser entregados al escribano en el plazo de treinta días, así como una relación que expresara «con claridad y distinción» las fincas, juros, tributos y otros efectos de la casa hospital para conocer, entre otras cuestiones, el estado de las rentas, quién las paga o no, si se había malgastado y el cumplimiento de las obligaciones por parte de los oficiales, con expresión de los nombres de procuradores, del mayordomo y del mayoral.

Para averiguar qué reparos necesitaba el lazareto y su costo el 23 de julio de 1683, el canónigo autoriza su inspección, nombrando al efecto a los alarifes de la ciudad Juan Domínguez, maestro albañil y mayor de la catedral, y a Juan García, maestro de carpintería. El informe es revelador del mal estado en que se encontraba la mayoría de las estancias: cuartos de los enfermos y de las enfermas, del sacristán, las habitaciones de la casa del mayoral, el portal, la tribuna de la iglesia, puertas, ventanas, suelos, alfarjes, escaleras,

---

16. ADPS, *Hospital de San Lázaro*, legajo 4, transcripción en Vilaplana (2017): II, anexo V.
17. ADPS, *Hospital de San Lázaro*, Sección Administración de propiedades, legajo 8, 12r; una detallada y descriptiva tabla de las posesiones en Mestre (2015): II, 386-387.

todas las azoteas, el pajar, las caballerizas... valorando el coste de todas las obras de reparación a realizar en ochenta y un mil reales de vellón.

Pese a la recomendación de los necesarios arreglos, pues «si no se hace irán a mayor», todavía en 1685 no se habían llevado a cabo. En esta fecha se desarrolló una nueva visita por el arcediano de Carmona y canónigo de la catedral de Sevilla Luis de Federigui, nombrado al efecto el 6 de octubre de ese año, quien de nuevo inspecciona la iglesia, el sagrario y la sacristía, revisa los libros de bautismo, casamiento y defunción, indicando que «todo estaba compuesto con decencia». Se pregona en este momento el arrendamiento de la Huerta Grande colindante a la Huerta del Sol y, entre otros asuntos, se readmite al mayoral expulsado indebidamente y se nombran al clavero y el asesor. El 29 de octubre se encomienda a José García, maestro de albañilería y alcalde alarife, y a Juan Miguel Bermudo, maestro carpintero, la inspección y valoración de las obras necesarias, quienes las estimaron un coste de ciento diez mil reales, señalando además que la casa hospital «está aislada, sin arrimos, y al temporal y que parece no averse habitado, que la fábrica de toda la casa fue de mala calidad desde su primer origen, por ser muy antiguo y se halla al presente con más ruinas, y al presente está la maior parte de dicho hospital inhabitable» (Vilaplana 2017: I, 10-115 y II, anexo VI)[18].

El informe nuevamente evidencia el mal estado de las viviendas del cura, del sacristán y de los criados, «todas derruidas...necesitan volverlo a reedificar», así como fortificar paredes, tejados, resanar maderas, enmaderar y solar suelos, empedrar patios; acciones todas ellas imperiosas en el portal y apeadero, cuartos, corredores altos y bajos y en las viviendas de los enfermos. De la casa del mayoral dicen que «de ninguna manera está habitable, con riesgo de la vida se pueda poner una cama».

Si no se procedía a la reparación de todo lo prescrito, el Hospital se hallaba en «riesgo de la ruina total [...] que ha ido en aumento desde la visita del veinte de octubre del año pasado de 1683». El 5 de noviembre de 1685, el arcediano Federigui manda que se remita el traslado de la visita al consejo de cámara del rey junto con la de 1683 y el dibujo de la planta de todo el Hospital, con enumeración de cada pieza y habitaciones, y declaración de su estado y los oportunos arreglos. Este dibujo, realizado por el maestro de albañilería Joseph García, se conserva incluido en el expediente de la referida visita de 1685 (fig. 6), siendo el plano más antiguo conocido hasta ahora de San Lázaro[19].

---

18. El expediente de la visita y la planta del Hospital realizada por los citados maestros José García y Juan Miguel Bermudo fueron dados a conocer por Vilaplana (2017): I, 10-115 y II, anexo VI, con transcripción documental y gráfica de la planta.

19. *Planta del Hospital de San Lázaro Extramuros de Sevilla, Joseph García, maestro de obras de albañilería de Sevilla y Juan Miguel Bermudo, maestro carpintero. Sevilla. 31 de octubre de 1685*, Archivo General de Simancas, Mapas, Planos y Dibujos, 68,73.

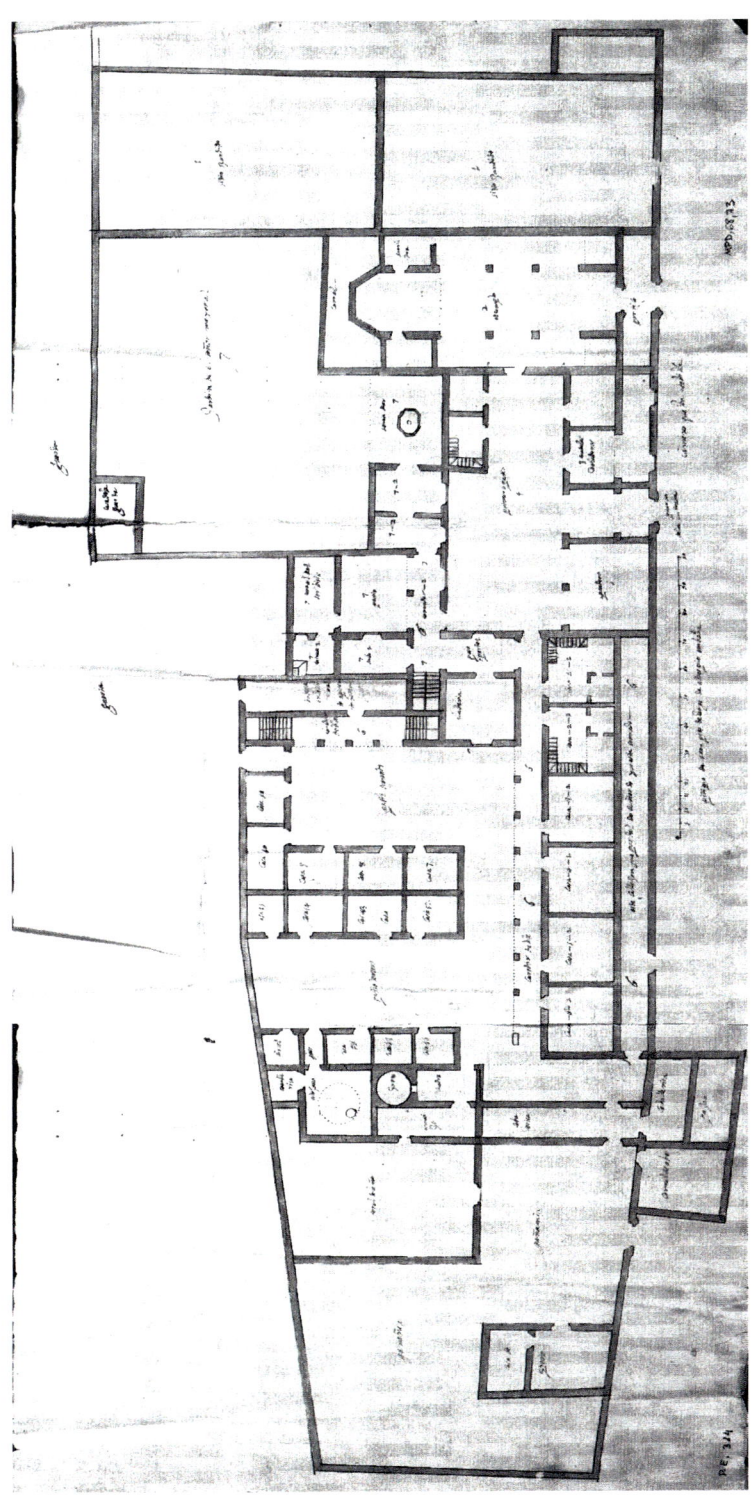

Figura 6. Planta del Hospital de San Lázaro Extramuros de Sevilla, Joseph García, maestro de obras de albañilería de Sevilla y Juan Miguel Bermudo, maestro carpintero. Sevilla, 31 de Octubre de 1685

Por otra inspección, ya en el siglo XVIII, de 20 de junio de 1716, comisionada al canónigo de la catedral Pedro Ruiz de Villadiego, conocemos interesantes cuestiones de San Lázaro en ese momento, sobre su gestión y gobierno, estado material de su fábrica y algunos aspectos sanitarios como la prohibición de dar vino a los enfermos por ser nocivo para su salud, según el parecer de los médicos, o el «haber sanado cuatro enfermos de esta enfermedad que se han excluido por sanos del dicho hospital, cosa hasta ahora no experimentada pues el que una vez entró enfermo murió en él con la dicha enfermedad».

En esta inspección se resuelven los cargos que había contra el mayoral Antonio de Torres Marban, ya fallecido, y contra el escribano contador Francisco García Calvo, declarándolos «buenos ministros». Se indica que «se ha hecho cuartos de habitación de verano [...] y reparado perfectamente el de invierno» para el mayoral y su familia para, evitar que este no resida de continuo en el lazareto. Asimismo, para corregir la mezcla de los contagiados con el personal sano se da al capellán, que debía ser clérigo y no sacerdote regular, cuarto propio inmediato a la iglesia «sin con ningún pretexto la pueda tener de la parte de dentro de la puerta que separa la habitación de los enfermos». Se suprime el cargo de sacristán, introducido según se indica indebidamente contraviniendo las constituciones, además del por el aumento de gasto en salario que significaba. Y sobre el cargo de clavero se dispone que no sea enfermo de la casa,

> por cuanto de las cuentas que se han visto en las visitas se ha reconocido lo perjudicial que ha sido a la dicha real casa hospital... pues además de ser personas sin inteligencia...no haber habido de que cobrar los alcances sino perderse muchos números por falta de diligencias. Además éste debía ejecutar sus funciones y no otra persona interpuesta, asignándole un cuarto y habitación en el que está inmediato a la puerta que divide la de los enfermos de la parte de afuera, entre ella y la del mayoral y casi frente de la clavería.

Se refiere también que la casa había experimentado una gran mejora «con las grandes obras que se han hecho», entendemos que las ejecutadas a partir de 1685, que produjeron la necesaria separación «de los enfermos y Ministros de la dicha real casa». En otro párrafo, se traslada la queja de que por no haberse deslindados «las tierras de la dicha real casa...e incertidumbre de la cantidad de que se componen, lo cual es grave perjuicio», disponiéndose que «de aquí en adelante en todos los arrendamientos que se hicieren de qualesquier tierras...se han de medir y deslindar a su costa con asistencia de la parte de la dicha real casa». El mayoral en el plazo de seis meses tenía que requerir a todos los tributarios, aunque fueran de poca cantidad, para que «otorguen escrituras de reconocimiento de los tributos que pagan especificando las fincas de que se componen, donde están y qué linderos tiene».

Por otro lado, se indica que el archivo «no estaba con la formalidad que debe, motivo por el que se han perdido papeles y por ello el conocimiento de algunos números». Ya en la visita del 6 de diciembre de 1714 se ordenó al mayoral que se hiciese inventario y que pusiese en el archivo tres llaves:

> y tenga una el mayoral, otra el escribano contador y la otra el clavero y haga tener un libro en papel común encuadernado… la experiencia ha mostrado que en cualquier litigio los papeles originales con el transcurso del tiempo se pierden o la memoria de donde están, es necesario que de los dichos papeles se saque copia y se presente donde fuere necesaria y el original quede en el dicho archivo.

Avanzado el siglo XVIII se constata el inicio de un largo periodo de decadencia a causa del desgobierno, la pérdida de propiedades y la penuria económica, como queda recogido en la *Breve y puntual razón de los números perdidos del Real Hospital de Señor San Lázaro*, escrito después de 1773. Es al final de siglo cuando se va a producir la primera merma de sus prerrogativas y privilegios con la promulgación por Carlos IV del Real Decreto de 19 de septiembre de 1798, que enajenaba «todos los bienes raíces pertenecientes a hospitales, hospicios, casa de misericordia, de reclusión, de expósitos, cofradías, memorias, obras pías y patronatos de legos». Era el primer golpe al Hospital en la cadena de recortes de sus bienes que lo dejaba en una lamentable situación económica. Y se iniciaba así un proceso político legislativo que cristalizaría en el siglo XIX con la promulgación de sucesivas constituciones, leyes y reglamentos que provocaría un cambio general y drástico de la asistencia benéfico-sanitaria en España. En el caso de San Lázaro significó el fin de su patronazgo regio y sus prerrogativas, que llevó al empeoramiento de la situación que ya arrastraba.

Desde el punto de vista sanitario, a partir de mediados del XVIII y de la mano del espíritu de la Ilustración, se van dando pasos en la consecución de soluciones que mejoren la enfermedad. La ciencia médica, fundamentada cada vez más en la observación y la experimentación, cuestiona las antiguas creencias y consideraciones sobre la lepra como una afección incurable, a la vista de algunos casos de curación. En este sentido el doctor Francisco Ximénez de Lorite, médico de San Lázaro, en sus dos disertaciones ofrecidas en la Regia Academia de Medicina de Sevilla, manifestaba la sanación de los leprosos que él denomina *incipientes*, mediante tratamiento con baños terapéuticos, sangrías y leche, antes de ser ingresados definitivamente. Los que no sanaban –los casos denominados *confirmados*– eran considerados incurables y por tanto de obligado internamiento. En 1765, Ximénez de Lorite solicita al asistente de Sevilla dos departamentos en el Hospital, uno de curación y otro para incurables, en donde disponer a los enfermos según su estado, para lo cual se había elaborado un proyecto constructivo que se considera realizado por el ingeniero militar Sebastián Van der Borcht, el cual había ingresado en 1760 en la Regia Academia de Medicina.

En 1787, llegaba al lazareto el doctor Antonio de la Peña y ensaya con siete enfermos un tratamiento ideado por él con el cual todos mejoraron. Sin embargo, hubo de desistir cuando la Junta hospitalaria acordó el cese de los tratamientos por ser caros y «no poder tolerarse tanto dispendio» (Hermosilla 1970: 633).

El escenario que se abre en la convulsa centuria decimonónica en España con la destructora invasión francesa, las guerras, los cambios de gobierno y regímenes políticos, los procesos desamortizadores y las revueltas sociales, determinaron un complejo panorama institucional que desestabilizó hondamente al país. En 1812 se promulga la Constitución que encomienda a los ayuntamientos y diputaciones provinciales el cuidado de los hospitales, hospicios, casas de expósitos, y demás establecimientos de beneficencia. Abolida durante la reacción absolutista, en el Trienio Liberal comienza la regularización decretándose el 27 de diciembre de 1821 el Reglamento General de Beneficencia Pública, y el 6 de febrero de 1822 la primera Ley de Beneficencia, que instaura las Juntas Municipales de Beneficencia con la función de fiscalizar los establecimiento cualesquiera que fuese su patronato.

En estos años, la existencia del lazareto sevillano fue cuestionada ante su poca capacidad económica para atender a los enfermos, estando a punto de desaparecer. Su estado no podía ser más calamitoso; el informe de una visita médica efectuada el 8 de marzo de 1821, ordenada por la Diputación Provincial de Sevilla para dictaminar si procedía su cierre, evidencia la precariedad en que se encontraba en esas fechas, en que solo atendía a ocho hombres y dos mujeres, los considerados incurables, a los cuales únicamente se les proporcionaba una comida al día; se había dejado de prestar asistencia médica a los enfermos considerados curables que «eran devueltos a sus casas». Incluso hubo periodos sin asistencia durante el Trienio Liberal en el lazareto «por la absoluta carencia de fondos para sufragarlo» (ADPS 51; Cuenca Toribio 1976: 70).

En 1824, tras la revocación de las leyes del Trienio Liberal, se restableció el patronazgo regio de San Lázaro por Real Orden de Fernando VII, de 9 de junio de ese año. Pero el periodo absolutista no mejoró la situación del Hospital, que continuó sumido en una profunda crisis económica; la carencia de medios hizo que se autorizase por orden de 17 de julio de 1825 la celebración de corridas de toros en él, con las que allegar fondos para mitigar la crítica situación –ya en 1819 se había practicado esta medida–. En 1831 se le concedía el arbitrio de veinticinco reales anuales por cada cuatrocientos vecinos de las provincias de Cádiz, Huelva y Sevilla.

La memoria manuscrita de 1829, realizada por el doctor y académico Nicolás Molero y presentada a la Academia de Medicina y Cirugía de Cádiz tras visitar San Lázaro, en su calidad de académico corresponsal de Sevilla, refiere el lamentable estado en que se encontraba y la triste situación de los enfermos:

> patios sin orden ni regularidad, estrechos corredores, y miserables colgadizos forman el recinto interior de la casa. Una mediana iglesia con su pila bautismal es el sitio destinado al divino culto y donde reciben los enfermos los santos sacramentos con los auxilios de un piadoso cura párroco. La estancia de los enfermos se encuentra divida en dos departamentos uno de hombres y de mujeres el otro, el primero colocado alrededor del segundo patio y consta de doce habitaciones; la del frente y principal es el refectorio de una módica extensión y altura en cuya testera está un busto del Sto. patrono; el estado de las mesas y pavimentos no da la mejor idea del aseo de la casa, las otras once habitaciones son las señaladas para los enfermos, estas son bastantes reducidas, de poca altura sin más ventilación que la de una desmedrada ventana, las asquerosas dolencias de estos infelices requería otro orden de distribución mayormente cuando en el caso de aumentarse el número de los enfermos se colocan a dos y tres en una misma habitación. Los enfermos se dedican a cultivar algunas plantas aromáticas en el patio que les pertenece con cuyo auxilio riegan las flores los paso que dan hacia la tumba, sirviendo también a distraer de la triste vista que ofrecen las ruinosas paredes y arruinadas habitaciones de este departamento (Ruiz Vega [2014]: 107 y ss.).

La descripción que en 1845 hace el dibujante, viajero e hispanista inglés Richard Ford en su *Manual para viajeros por Andalucía*, es igualmente desoladora:

> El interior es de pena ya que los fondos de este verdadero lazareto son utilizados por los administradores para su uso personal más que otra cosa. Aquí se pueden ver casos de elefantiasis, la horrible pierna hinchada, una enfermedad corriente en Berbería, y no rara en Andalucía, que propaga el mismo paciente, que mendiga la caridad entre los viajeros, cuyos ojos se sienten sobresaltados y doloridos por lo que al principio parece una inmensa y cancerosa boa constrictor (Ford 1845 [1980]: 262).

La Ley de Beneficencia, que había sido promulgada en 1821, se restablece en 1836 y con ella las Juntas Municipales y Provinciales de Beneficencia; San Lázaro se incluyó en la Junta Provincial. Al año siguiente, se disponía la centralización o reunificación de hospitales de Sevilla, proceso que culminará en 1844. Para ello, se procedió a la petición de información sobre el tipo de hospitalidad, forma de gobierno, propiedades, etc., y aunque el lazareto sevillano no fue centralizado continuó en la penosa situación de abandono y desprotección descritas. Para salvarlo de la inminente ruina de una parte de él, se solicitó un empréstito hipotecando la Huerta Grande. En 1848 la institución contaba con veintidós enfermos, un capellán, un médico cirujano y «el suficiente números de enfermeros», y servía de estancia de los lacerados las habitaciones bajas de los patios interiores «pequeñas, húmedas y mal ventiladas».

Será a partir de 1854 y en cumplimiento de la Real Orden de 16 de febrero de ese año de centralización de hospitales, cuando San Lázaro se incluya en el Hospital Central o de las Cinco Llagas, encargándose de la asistencia de los enfermos las hermanas religiosas de San Vicente de Paúl. Se ponía fin definitivamente al patronazgo real y a los antiguos cargos, pasando a ser gestionado por la Diputación Provincial de Sevilla y su junta administrativa. El 24 de noviembre de 1855 se redacta el «Reglamento del Hospital de San Lázaro de Sevilla» (Moreno Toral 1987: apéndice V, 251-255), en cuyos cuarenta y cinco artículos se establece el régimen interior del establecimiento y los nuevos cargos con sus honorarios y obligaciones: un médico y un cirujano, un capellán que era ayudado por el portero que hacía las veces de sacristán, y un conserje ayudado por un enfermo en calidad de asesor que era nombrado por la junta administrativa. El conserje era el jefe inmediato de todos los sirvientes y en él recaía el control y el buen funcionamiento de la casa: contabilizaba la ropería, llevaba el libro de entrada y salida de enfermos, daba traslado del régimen alimenticio prescrito por el médico al Hospital Central, de donde se recibían de continuo los alimentos preparados para todos los ingresados, cuidaba del adecuado aseo de las habitaciones. En suma, era el responsable del cumplimiento de las disposiciones establecidas para la institución, así como para los enfermos.

Una nueva etapa se abría en la vida de la leprosería en la que se van dando los pasos para una mejora efectiva de ella, «cimentando el orden y la disciplina». Se lleva a efecto una serie de reparaciones que culminaron en 1864 y cuyo costó ascendió a 142 662 reales. El apoyo documental para el conocimiento de estas obras lo encontramos de nuevo en el Archivo de la Diputación de Sevilla, Junta de Beneficencia, legajo 56, *Proyecto de reparaciones de San Lázaro de 1861*, que aunque sin firmar su autoría se adjudica a Balbino Marrón y Ranero, arquitecto provincial desde junio de 1860, por lo que es lógico relacionarlo con la crucial reforma de este periodo que supuso un importante cambio en la configuración del inmueble, aunque el proyecto inicial no fue ejecutado en su totalidad.

El activo promotor de esta nueva situación fue el vocal director y presidente de la Junta de Beneficencia José María de Ibarra, como recordaba la inscripción en una lápida, situada en el vestíbulo de entrada del Hospital:

SIENDO DIRECTOR DE ESTE ESTABLECIMIENTO
EL ILMO. SR. D. JOSÉ MARÍA DE IBARRA
Y VOCALES DE LA JUNTA ADMINISTRATIVA
LOS SRS. D. PEDRO GARCÍA LEANIZ
D. SIMÓN DE OÑATIVIA

DR. D. JACINTO ZALDO
Y D. FELIPE RUIZ Y LOPEZ PRO.
SE RENOVÓ EL EDIFICIO
DÁNDOLE DISTRIBUCIÓN CONVENIENTE
PARA COMODIDAD DE LOS ENFERMOS
AÑO DE 1864

Todavía Ibarra dispuso a su muerte, por manda testamentaria, que se sufragaran a su costa «varias obras de importancia», lo que igualmente quedó recogido en una lápida laudatoria no conservada, con la siguiente inscripción:

A LA BUENA MEMORIA
DEL SEÑOR DON JOSÉ MARÍA DE IBARRA
PRIMER CONDE DE IBARRA,
A SU INICIATIVA COMO DIRECTOR DE ESTE HOSPITAL
SE DEBE SU COMPLETA REFORMA.
Y A SU GENEROSO DESPRENDIMIENTO EN FAVOR DE LOS POBRES
LA CONSTRUCCIÓN DE GALERÍAS, SALAS
DE DESCANSO, REFECTORIO DE MUJERES
Y OTRAS OFICINAS; CUYAS OBRAS FUERON COSTEADAS
POR SUS HIJOS CUMPLIENDO SU DISPOSICIÓN TESTAMENTARIA.
LA JUNTA ADMINISTRATIVA DEL ESTABLECIMIENTO
DEDICA ESTE RECUERDO A SUS VIRTUDES.
ROGAR A DIOS POR SU ETERNO DESCANSO
1878

Refiere Collantes de Terán, que también se mejoró el aspecto exterior del Hospital con la colocación de un verja de hierro en el jardín, sufragada por los diputados provinciales Fernando de Silva y Manuel Vázquez Rodríguez, «que cedieron los sueldos devengados como individuos de la comisión permanente». Señala también que en el momento en que escribe, el año 1884, acaba de realizarse «obra de importancia en la iglesia», que la renovación del pavimento de losas de mármol blanco del templo, sacristía y vestíbulo fue regalada por el vocal Francisco Bocanegra, además «de hacer la administración útiles reformas en los altares y objetos de culto», lo que quedó recogido en la correspondiente lápida conmemorativa:

†
FUE RENOVADO EL PAVIMENTO DE ESTA IGLESIA
DEL REAL HOSPITAL DE SAN LÁZARO DE SEVILLA,
CON UN DONATIVO DE LOSAS DE MARMOL
QUE HIZO EL SR. D. FRANCISCO JIMENEZ BOCANEGRA.
LA JUNTA ADMINISTRATIVA DEL ESTABLECIMIENTO,
ATENDIÓ A SU COLOCACIÓN Y A LA REFORMA DE LOS ALTARES,

SIENDO DIRECTOR EL SR. D. JOSE DE HOYOS Y HURTADO,
Y VOCALES LOS SRES. D. BERNARDO GONZÁLEZ CORONADO,
D. JOAQUIN ALCAIDE Y MOLINA,
D. MANUEL ÁLVAREZ FRANCO PRO.,
Y D. HONORIO DE CISNEROS Y CUEVAS.
1883.

A inicios del siglo XX el Hospital se hallaba en una mejor situación asistencial, según revela el médico y académico Ramón de la Sota y Lastra quien en su artículo de 1904 sobre la lepra en Sevilla refiere:

> todos sus departamento son amplios, bien ventilados, y las Hermanas de la Caridad los tienen en el mayor grado de limpieza posible. Suele haber en él cincuenta, sesenta y más enfermos en todos los grados de esta cruel dolencia. Están bien alimentados, bien vestidos y con trajes en relación con la estación. Verdaderamente no se han hecho en este hospital ensayos para descubrir el modo de curar la terrible enfermedad; los leprosos habitan el establecimiento, pero no son asistidos medicamente más que para sus enfermedades eventuales. No he podido descubrir un solo caso de contagio en médicos, Hermanas, en enfermeros, ni en ninguna de las personas que ordinariamente comunican con los leprosos.

En la década de los años treinta se constata un descenso de la enfermedad y se decide ampliar la capacidad asistencial de San Lázaro estableciendo en él un sanatorio antituberculoso, y acogiendo más tarde a enfermos cardiovasculares. Para ello se realizan obras de acondicionamiento con dos proyectos de 1933 y 1936 de los arquitectos Rafael Arévalo Carrasco y Gabriel Lupiáñez Gely, que le otorgó una fisonomía de *hospital moderno*. Los enfermos de lepra fueron instalados en dos pabellones aislados, tras el patio de entrada. En 1944 los últimos leprosos varones eran trasladados a la Leprosería Nacional de El Trillo (Guadalajara), y en los primeros años de la década de los cincuenta fallecían las dos últimas mujeres laceradas que permanecían en San Lázaro, con lo que se ponía fin definitivamente, a su condición de leprosería.

Ya en la década de los años sesenta, se plantea la conversión del Hospital en residencia de ancianos, lo que no se llevó a efecto pues el cierre en 1972 del Hospital Central de las Cinco Llagas, del que dependía San Lázaro, determinó darle continuidad como Hospital Provincial Médico-Quirúrgico. Para ello se realizan obras de acondicionamiento y se levantan nuevos edificios que se concluyen el 1 de marzo de 1979, contando con ciento ochenta camas de hospitalización, dos quirófanos y una nómina extensa de facultativos que son ayudados por las Hermanas de la Caridad.

Con la Ley de Integración de los Servicios Sanitarios de las Diputaciones Provinciales Andaluzas en el Servicio Andaluz de Salud, en 1991 San Lázaro se incorpora como Hospital General de la Seguridad Social, formando parte del área del Hospital Universitario Virgen Macarena, situación que se mantiene hoy en día como centro plenamente funcional, con zona de hospitalización, consultas médicas y servicios de enfermería. En ese mismo año, la Diputación cede a la Junta de Andalucía la iglesia que desde 1998 permanece desacralizada y cerrada.

El primer aprecio de los valores patrimoniales del Hospital de San Lázaro se produce en el año 1964, cuando el 27 de agosto, y conforme a la Ley de Patrimonio Artístico Nacional promulgada en 1933, es declarado Monumento Histórico-Artístico junto a otros bienes de la ciudad (iglesia de San Benito, templetes de la Cruz del Campo y de San Jerónimo, conventos de Capuchinos y de la Trinidad, monasterio de San Jerónimo y los restos del de San Agustín, y la Cartuja de Santa María de las Cuevas). Con esta adscripción legal el Hospital quedaba integrado en el acervo artístico español. En 1985, la Ley de Patrimonio Histórico Español crea la figura jurídica denominada *Bien de Interés Cultural* (BIC), categoría en la que se incluyó San Lázaro de forma genérica. La asunción de competencia en materia cultural por parte de la Junta de Andalucía y la Ley 1/1991 de Patrimonio Histórico Andaluz supuso el paso de los bienes declarados BIC al Catálogo General del Patrimonio Histórico Andaluz, una mera traslación que no ha llevado a una revisión y mejor examen de los valores arquitectónicos, artísticos, culturales y simbólicos, tanto del inmueble como de las obras de arte que a duras penas se han mantenido en el interior de la iglesia.

Por otro lado, el Plan General de Ordenación Urbana de Sevilla no ha significado una mayor implicación y cuidado urbanístico del entorno, muy transformado desde la década de los años setenta y especialmente a partir la Exposición Universal de 1992, con la creación de nuevas infraestructuras viarias y la edificación de numerosas construcciones.

Esta colmatación del espacio circundante se inició ya a mediados del siglo XIX, en el que el entorno campestre y agrícola que rodeaba a San Lázaro comienza a ser modificado en un largo proceso que se acelerará en la siguiente centuria hasta llegar a nuestros días con resultados determinantes en la configuración de la zona. En 1852 se inaugura el cementerio municipal de San Fernando, construido sobre la que fuera la Huerta Grande. Para mejorar la accesibilidad desde la ciudad, el ayuntamiento establece una avenida arbolada que discurría por el camino histórico convirtiéndose a la altura del Hospital en un bulevar ajardinado. En 1861 se implanta el tendido de la vía férrea Sevilla-Córdoba y la estación de San Jerónimo o de *El Empalme*, cuyo trazado supuso un cambio sustancial en las inmediaciones del lazareto con el establecimiento de talleres de reparación, fábricas, almacenes y depósitos, así como la aparición de las primeras viviendas para trabajadores vinculados al ferrocarril, un cambio que se aceleró entre las décadas de 1910 a 1930 con la creación de nuevas fábricas que otorgaron a la zona un carácter industrial y semiurbano.

Para facilitar el acceso al cementerio y como alternativa al camino histórico, se potencia una nueva vía: una antigua vereda que discurría entre huertas y que hoy conforma la avenida Doctor Fedriani, a la que se abre la fachada del Hospital, avenida que en la década de los años setenta se ampliará a seis carriles de tráfico rodado, lo que significó la pérdida del bulevar arbolado y la subida de la cota de la calzada que dejó la fachada semienterrada y el acceso a la iglesia impracticable.

El Plan General de Ordenación Urbana de 1940 supuso la calificación de los terrenos de esta zona norte de Sevilla como edificable, y el del año 1961 abrió la puerta a un imparable desarrollo de promociones inmobiliarias que supuso la realización de numerosas barriadas y obras de infraestructuras. Esto se acrecentó, como hemos indicado anteriormente, con motivo de la Exposición Universal de 1992, con la que el entorno de San Lázaro va a vivir su última y más drástica transformación. Se crean nuevas infraestructuras viarias: ronda de circunvalación de Sevilla o SE-30, que justamente pasa por el lateral del Hospital; la prolongación de la avenida Doctor Fedriani, una amplia rotonda de cruce de ambas carreteras de intenso tráfico; la autovía Sevilla-La Rinconada; reurbanización con nuevos bloques de viviendas; y voluminosos edificios de reciente construcción, de dudoso gusto y poco valor arquitectónico (un hotel, un templo mormón, un tanatorio). Una auténtica conturbación que ha colmatado los espacios circundantes del Hospital, que soporta el constante flujo de un intenso tráfico rodado (fig. 7).

San Lázaro se mantiene exento en una amplia parcela irregular en cuyo interior se integran los edificios históricos junto con las construcciones funcionales levantadas a partir de los años setenta, tanto hospitalarias como complementarias de carácter auxiliar (almacenes, depósitos, instalaciones de ventilación y climatización…) (fig. 8). La iglesia permanece casi como un barco varado, cerrada, olvidada, y en un lamentable estado de conservación, a la espera que el interés de los ciudadanos y la sensibilidad de la Administración de la que depende le otorgue la atención y cuidados que merece un BIC. En los últimos años se han ejecutado algunas obras de urgencia en las cubiertas del templo: en 2020 las pinturas del retablo mayor y un par de escultura han sido trasladadas al Instituto Andaluz de Patrimonio Histórico (IAPH) para su restauración, y se ha anunciado, además, la restauración de los zócalos de azulejos del presbiterio del templo y la restauración *in situ* del retablo.

El inapelable valor del Hospital de San Lázaro, un auténtico palimpsesto arquitectónico, artístico, y simbólico, debe ser objeto de una pronta y efectiva atención que evite el avance de su deterioro.

Figura 7. Frente del Hospital de San Lázaro en su estado actual

Figura 8. Vista aérea del Hospital de San Lázaro

6. La evolución arquitectónica

El Real Hospital de San Lázaro fue mucho más que un centro asistencial de una específica enfermedad. Escenario físico y vital de los enfermos de lepra, constituyó el lugar de residencia y atención en el que los acogidos moraban con sus familias en pequeñas viviendas con un cierto grado de independencia, dentro de la reclusión obligatoria a la que estaban sometidos. Era el sistema habitual de las leproserías medievales, y así se manifiesta en el caso de Sevilla. Lo encontramos claramente referido en las Constituciones de 1393 (títulos XXVIII y XLI) en relación con la asignación de viviendas: «mando e ordeno que, de aquí adelante, quando quier que por el dicho mayoral fuere casa asignada a qualquier o qualesquier de los enfermos e enfermas, que a la dicha casa vinieren para [...] que moren», prohibiéndose además expresamente que pudieran tener armas en sus domicilios; unas viviendas que podían ser derribadas si era necesario por su mal estado y que los enfermos se encargaban de mantener.

Este modo de alojamiento también fue señalado por Peraza al describir el Hospital, «tenía su compás de casas en que moran maridos y mujeres», constituido por un número indeterminado de viviendas exentas y sin una clara estructura entre ellas; «un conjunto de construcciones fungibles de materiales perecederos, que obviamente no han subsistido, y que se hallaban en medio de las huertas» (Cómez 1991: 46). No fue por tanto el lazareto un edificio construido *ex profeso*, sino que inicialmente debieron utilizarse las construcciones preexistentes en torno a la Torre de los Gausines y las del propio arrabal de la Macarena, una vez expulsados sus habitantes musulmanes tras la conquista cristiana. Este compás de viviendas y demás espacios y construcciones quedó circunscrito en una «linde o cerca», como se explicita en las Constituciones de 1393.

Por otro lado, las noticias de la existencia desde los inicios de una capilla de la que no se tienen referencias formales de su fábrica, lleva a pensar que pudo utilizarse inicialmente un oratorio del propio arrabal islámico, transmutado a modesto templo cristiano y sobre el que se levantaría posteriormente la iglesia que ha llegado a nuestros días. En las referidas Constituciones se cita en efecto, «la capilla en el camino ante la puerta del Hospital», en donde ya consta la cofradía de san Blas con lugar de enterramiento para los hermanos. Asimismo, se dice que la capilla tenía un *portal* techado, término que en castellano antiguo designaba a una galería porticada o atrio, usual por otra parte, en las fachadas de los lazaretos medievales.

Hay que señalar que en la Edad Media el término hospital asumía una diversidad de significados, fruto de la variedad funcional que ofrecían los establecimientos así denominados. Se aplicaba a cualquier institución que ofreciera alojamiento u hospedaje, asistencia a menesterosos o inclusa, orfelinato o casa de curación especializada para dementes, huérfanos, pobres, mujeres, leprosos... Son precisamente las leproserías las que más se acercaban al significado etimológico de la palabra latina *hospes*, como lugar en donde los contagiados eran hospedados, acogidos y amparados, lo que en el caso de Sevilla tenía lugar en la Real Casa, fundada y patrocinada por la Corona.

La evolución arquitectónica de San Lázaro se produce en el decurso de su prolongada historia y hay que relacionarla con el propio carácter de la enfermedad y su consideración social, a la vez que con la evolución del concepto asistencial y los avances médico-sanitarios en el tratamiento de la lepra. No obstante, lo poco conservado y la ausencia de una descripción clara y precisa de sus espacios y construcciones dificultan el poder efectuar un análisis ajustado de las piezas que tuvo, salvo aquellas que han llegado a nuestros días.

El conjunto arquitectónico no tuvo una destacada entidad. Las fuentes documentales y las referencias literarias no resaltan más que la iglesia, la fachada renacentista, y la torre de los Gausines, «muy modificada», como señalara Collantes, quien nos dice que «no se encuentra cosa alguna en el edificio que merezca la pena», y en igual sentido Gestoso en 1892. Las iniciales viviendas dispersas fueron evolucionando hacia un agrupamiento más compacto y unitario, como se ha puesto de manifiesto en la planimetría histórica conservada, pero nunca llegaron a ostentar una significación constructiva digna de mención, sino todo lo contrario; son constantes en la documentación de referencia las llamadas a reparaciones, obras, estado de ruina y deterioro.

Se documenta la autorización para construir una calera en 1514 «en el término de la ciudad, en lugar conveniente para hacer la cal necesaria y no para vender ni obra de otra persona», indicativo de que en torno a esa fecha se estaba procediendo o estaba en envías de ejecución alguna obra de importancia en San Lázaro. Por otro lado, la mencionada visita al Hospital del año 1585 para apreciar si procedía su reducción, en la confusa descripción que se hace del inmueble, se refiere la existencia de viviendas de enfermos entorno a patios inconexos entre sí, aposentos doblados, angostos corredores y «tránsitos», y estancias administrativas como el cabildo y el «escritorio». En la zona norte se relacionan instalaciones dedicadas al servicio de la casa –horno, caballerizas, corral, pajar, tahona–, y en torno a la iglesia, en su lado izquierdo, y tras ella, las viviendas donde residía el personal del lazareto con especial relevancia y amplitud la del mayoral que contaba con un extenso jardín; hacia el sur las viviendas del capellán y sacristán.

Asimismo, se cita el atrio cubierto situado a los pies del templo del que no se describen sus características formales, pero se le otorga unas dimensiones de «siete varas» de largo y la misma medida de ancho (7,85 m), siendo por tanto un pórtico o atrio cuadrangular. En la proyección de la planta del Hospital de 1685, el atrio abarca todo el frente de la iglesia –aunque la anchura de las medidas dadas no coincide con el ancho real de la iglesia– y se dibuja a modo de plinto o zócalo corrido con abertura de acceso en eje con la puerta de entrada al templo. Este se describe con sus tres naves y su cabecera abovedada, «de largo desde la misma puerta [de la calle] asta la pared donde esta el altar mayor treinta y dos baras con el portal que está delante de la iglesia, e de ancho tiene dieçiseis baras y media con las naves conaterales [sic]», (26,75 × 13,8 m), dimensiones prácticamente concordantes con las que hoy posee la iglesia.

Desde el muro lateral izquierdo de la iglesia y hasta la Torre de los Gausines nos informa el documento de 1585 que existe «un portal», que tiene de largo «quarenta y dos varas y quatro de ancho» (35,10 × 3,34 m), y que eran doblado y cubierto; el doblado, es decir el piso superior, era donde «se aposentaban los que venían a velar al señor San Lazaro» en su novenario anual, también referido por el cronista Peraza: «de mucha devoción...de las gentes de Sevilla en especial en tiempos de tribulación». De este pórtico tampoco se hace descripción de sus características estructurales, si se sustentaba sobre columnas o pilares, si tenía arcadas o el número de aberturas al exterior. Indica la memoria de 1585 que «al lado deste portal donde está la puerta principal, está encima una torre que tiene catorce varas de largo y sirve de cárcel», es decir, la Torre de los Gausines, que además de ser el acceso al lazareto su piso alto se utilizaba como prisión. No hay referencia en esta visita a la fachada contigua al lado izquierdo de la Torre hacia el norte, esto es la galería renacentista, por lo que se ha propuesto que su construcción aún no se había llevado a efecto.

En 1590 y ante la petición del mayoral y enfermos del Hospital, Felipe II, en su provisión dada en Madrid el 9 de agosto de ese año otorga licencia para:

> adereçar y reparar la clavería della donde se recogía el trigo, çebada, aceite y otros batimentos, y çiertas casas de enfermos que estaban junto a dicha clavería que estaban para se caer... que los enfermos estaban de dos en dos [...] había necesidad de adereçar y reparar el portal de la dicha Cassa.

Frente a la significativa cantidad solicitada de dos mil ducados, el monarca autorizó un gasto por valor de 397.500 maravedíes (equivalentes a unos 1.060 ducados). En el documento denominado *Expediente de las obras* se recoge la visita, el 31 de octubre de 1591, del mayoral Álvaro Bélez de Alcoçer al regente de la Audiencia para mostrarle la provisión real y solicitar licencia para la compra de materiales, mostrándole además varias plantas y modelos, sin mencionar autoría, señalando el regente una «para que conforme a ella, la hiziese». El 1 de agosto de 1592, el regente daba fe de la terminación de las obras, personándose en la casa en donde «vio por vista de ojos, como están fechas en ella las labores y edifiçios y reparos».

La considerable cantidad de ducados solicitada, así como la realización de «plantas y modelos» lleva a pensar que debieron ser obras de cierta entidad y no simples operaciones de arreglos. Se ha apuntado que fue en este momento cuando debió levantarse la fachada renacentista, sobre cuya autoría se ha propuesto a Vermondo Resta frente a la tradicional datación establecida en torno a 1564 y diseño atribuido a Hernán Ruiz II[20].

El estado del Hospital en 1683 era bastante malo, según refiere el informe de la visita de ese año emitido por el maestro de albañilería Juan Domínguez y el maestro carpintero Juan García. La mayor parte de las estancias necesitaban una pronta reparación: viviendas de enfermos y enfermas, las del sacristán y mayoral, el portal y la tribuna de la iglesia, y en general todas las ventanas, suelos, alfarjes, escaleras, azoteas, caballeriza... Estos necesarios reparos no se llevaron a efecto a causa del fallecimiento del juez provisor encargado don Justino de Neve, que provocó la paralización del procedimiento. En el año 1685 se reanudan los trámites con una nueva visita, inspección y valoración de «la fábrica de la Casa Hospital Real del Señor San Laçaro», en esta ocasión por el carpintero Juan Miguel Bermudo y el maestro de obras de albañilería y alcalde alarife Joseph García, en ese momento maestro de fábrica del arzobispado de Sevilla y más tarde mayor de la ciudad (figs. 9 y 10).

Nombrados ambos al efecto el 31 de octubre de 1685, en esa misma fecha los referidos maestros visitan y reconocen «la fábrica de toda la casa» señalando que «fue de mala calidad desde su primer origen, por ser muy antiguo... y al presente está la maior parte de dicho hospital inhabitable», así como que era necesario reconocerla con detenimiento y hacer «una planta llana de todo lo edificado que al presente es de dicho hospital», lo que realizaron ese mismo año de 1685, en donde «se reconoce la capacidad de cada una de las dichas piezas, por los números cita el estado que cada una tiene, y obras que nesesita». Como ya señalamos, en el expediente se incluye la planta del Hospital, siendo por tanto el dibujo más antiguo hasta ahora conocido del recinto.

---

20. Vilaplana (2017): I, p. 215 y ss.

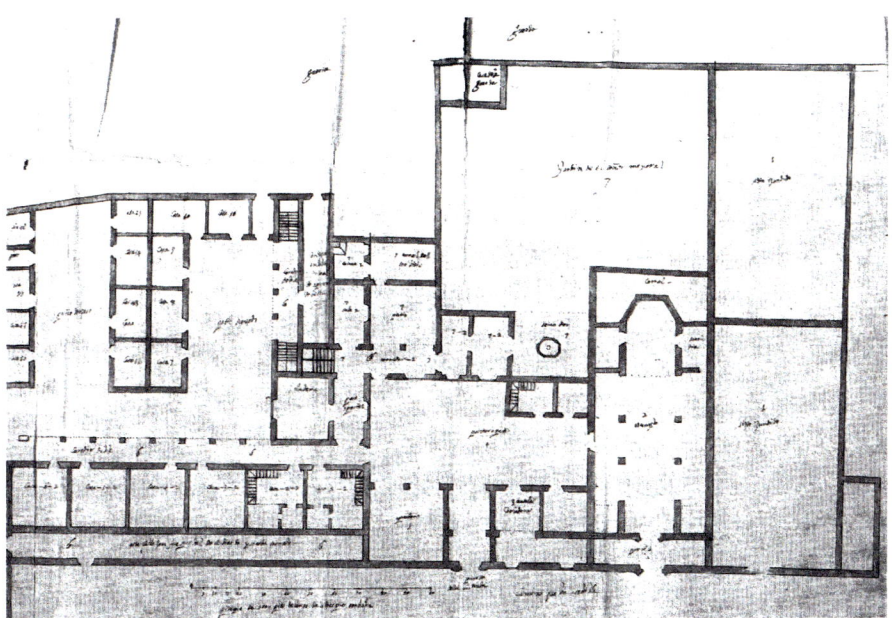

Figura 9. Detalle de la *Planta del Hospital de San Lázaro Extramuros de Sevilla, Joseph García, maestro de obras de albañilería de Sevilla y Juan Miguel Bermudo, maestro carpintero. Sevilla, 31 de Octubre de 1685*

En el informe se manifiesta el mal estado en que se encontraba San Lázaro en esa fecha, para cuyas prontas reparaciones era «necesario gastar ciento diez mil reales, que irá a más si no se hace, con riesgo de la ruina total del hospital que ha ido en aumento desde la visita del veinte de octubre del año pasado de 1683». Las declaraciones y anotaciones establecidas en el dibujo de la planta clarifican la disposición y usos de las piezas que lo componían en ese momento. La iglesia se dibuja con su pórtico a los pies y se indica que necesita fortificar sus paredes, reparar sus tejados, resanándolos de maderas y tejas. En su lado sur y arrimado a ella, se situaban las estancias de curas, sacristanes y criados de la casa, que constan arruinadas y yermas siendo necesario volver a reedificarlo todo; en el dibujo se traza como un amplio espacio con la anotación de «hundido»; detrás del ábside del templo se acota una zona denominada «corral» y detrás una extensa parcela designada «jardín del señor mayoral», en cuyo ángulo noreste se sitúa la «casa de la guerta». Se indica también que las paredes de la cerca del jardín había que calzarlas en diferentes partes.

En eje con la puerta principal de entrada a San Lázaro se señala «el primer patio empedrado de esta casa», a su izquierda el portal y apeadero que necesitaba ser empedrado, así como resanar sus paredes; estaba *doblado*, es decir, tenía una planta superior que eran «piezas de la vivienda de los mayorales», y que requería también algunos reparos. Entre la puerta de acceso y la iglesia se hallaba el denominado cuarto bajo «de las Veladoras» que necesitaba enmaderar sus suelos y volverlo a solar, fortalecer todas sus paredes, ponerle puertas y ventanas nuevas y apuntalarlo por estar hundiéndose; el cuarto alto se señala como «sala de la habitación de el maioral».

En lado izquierdo del patio primero se abría un «paso o portal» que daba acceso a la sala de la clavería que «está en buena calidad», y al frente y a la derecha a una serie de estancias, corredores, un pequeño patio, corral y cocina. Estas piezas se anotan con el número 7 como:

> piezas del quarto del maioral y están rendidas la maior parte de ellas y el techo, y la escalera y la cozina baja y alta, el techo de la sala que está antes de la cozina y el suelo hollado de ella… necesita volverlo a fabricar de nuevo asi paredes, suelos, techos puertas, ventanas.

En la misma situación se encuentran «las dos piezas que están antes del senador» así como este mismo; estas piezas y el propio «senador» se dibujan en el lateral izquierdo del ábside la iglesia.

Tras el referido «paso o portal» se accedía a la zona donde residían los leprosos en torno al denominado «patio segundo», enumerándose una serie de «casas de habitación de los enfermos», cada una con planta alta y baja y la correspondiente escalera, y algunas con un «patinito». El grupo que se anota con el número 9 dicen los alarifes que son las que «están más bien tratadas», aunque necesitan reparar las puertas y ventanas a los patinillos, fortificar las paredes y emparejar los suelos «que son de hormigón», meter algunas vigas en los suelos y solar algunos hoyos, reparar los techos, así como componer sus escaleras. También se distribuyen casas de enfermos en la panda paralela a la fachada renacentista adosadas al referido portal, fachada que consta como cerrada.

En la *Planta* se indica con el número 6 una serie de corredores y «callejones […] bajos y altos» que igualmente necesitaban reparaciones, estando algunos de ellos hundidos; el situado tras la fachada renacentista tiene la siguiente anotación: «este callejón fue portal descubierto que está cerrado», presentando un único hueco de acceso.

Hacia el norte se sitúa el denominado «patio trasero» en cuyos lados sur y norte se situaban otra serie de viviendas de enfermos; tras las situadas al norte se indica la tahona, caballeriza y corral, el «horno de pan cocer, quadra y corral para la leña» , la gañería o corral de los bueyes, la casa del apero y el pajar, todos ellos necesitados de varios reparos. Era por tanto, este ámbito la zona de servicio de la leprosería.

Las obras efectuadas debieron de mejorar el recinto hospitalario y así se manifiesta en el auto dictado en 1716 por Pedro Ruiz de Villadiego, quien indica que «con las grandes obras que se han hecho ha habido muy bastante

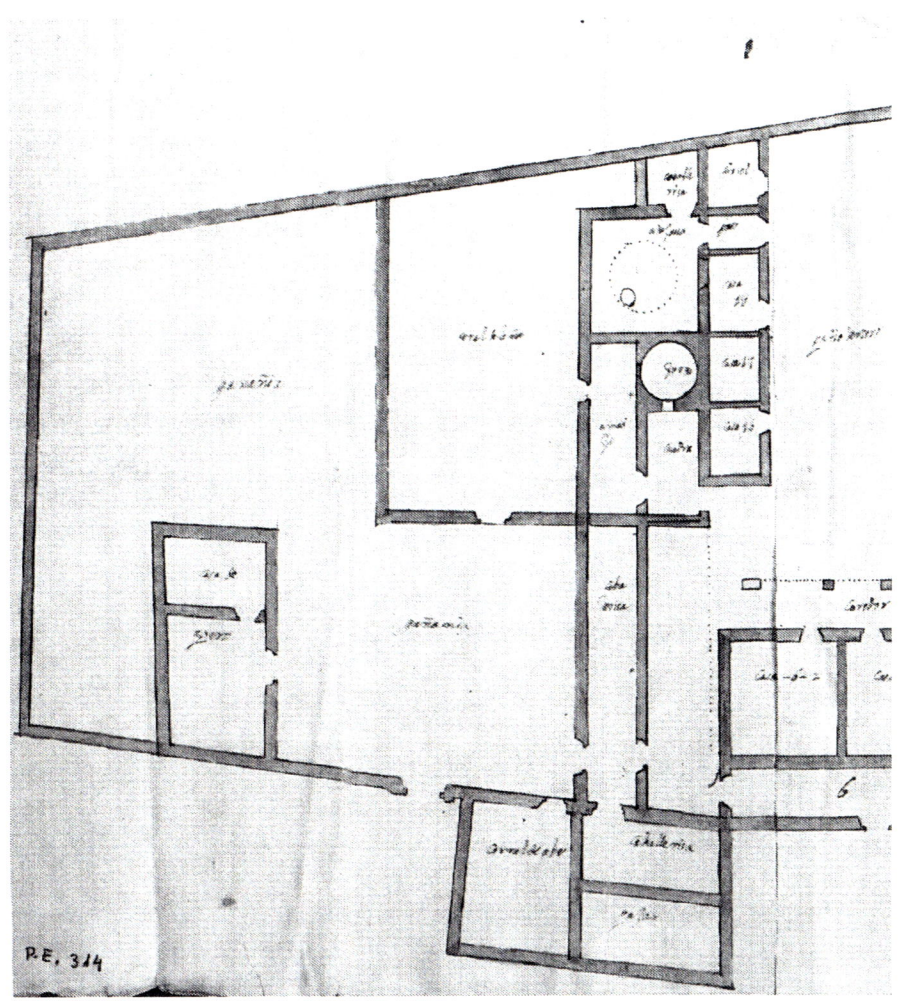

Figura 10. Detalle de la *Planta del Hospital de San Lázaro Extramuros de Sevilla,
Joseph García, maestro de obras de albañilería de Sevilla y Juan Miguel Bermudo,
maestro carpintero. Sevilla, 31 de Octubre de 1685*

para mantenerse los enfermos y ministros de dicha casa», recomendando aumentar el presupuesto de mantenimiento por lo «mucho que conviene a la conservación de la fábrica»[21].

En el siglo XVIII, tras el terremoto de 1755 que hubo de afectar al Hospital, se llevaron a cabo en él trabajos de reparación y mejoras. Un azulejo con el escudo real, situado sobre el balcón de su portada de acceso, conmemora la

---

21. ADPS, *Hospital de San Lázaro*, legajo 2-bis; Moreno Toral (1997): II apéndice IV, pp. 243-250.

finalización de unas obras en 1761, aunque no se sabe en qué consistieron. Por otro lado se conoce un plano anónimo y sin fechar, *Planta del hospital de San Lázaro de Sevilla*[22], en el que se dibujan las distintas estancias y espacios del recinto, incluyendo una leyenda explicativa que recoge una pormenorizada relación de espacios y construcciones del lazareto en ese momento (fig. 11).

La traza de esta planta se ha vinculado con el ingeniero militar al servicio de la corona Sebastián Van der Borcht, quien desde 1755 se hallaba destinado en Andalucía. El hecho de ser San Lázaro una fundación dependiente de la monarquía hispana ha llevado a pensar que pudo ser el autor de dicha planta y encargarse de las obras, culminadas en 1761[23].

Van der Borcht (*c*. 1725-*c*. 1787) era desde el año 1760 miembro de la Regia Academia de Medicina de Sevilla[24], a la que también pertenecía el médico del lazareto Bonifacio Ximénez de Lorite. Este escribe una carta el 27 de marzo de 1765 contestando al asistente de Sevilla en nombre de la Regia Sociedad, en la que refiere el «plano para el nuevo Hospital Real de San Lázaro» cuyo autor «es miembro de la Sociedad». Ximénez de Lorite, como ya hemos comentado en el anterior apartado, fue el impulsor de sustanciales cambios en el tratamiento de los enfermos, y solicitó la creación de dos departamentos para colocar por separado a los lacerados según su grado de dolencia. Todos estos extremos han llevado a otorgar la autoría de dicho plano a Van der Borcht y, además de las referidas obras de 1761, la ejecución de las dos salas solicitadas por Ximénez de Lorite[25].

Como apoyatura documental a la ejecución efectiva de estos «apartamentos de curación», en el *Inventario de bienes* redactado en 1812[26], se mencionan «enfermerías» altas y bajas, diferenciadas para hombres y mujeres, con la enumeración del mobiliario de camas, catres, sillas mesas, etc., con que contaban. La enfermería alta destinada a los varones se describe como «una cuadra larga» con seis ventanas, dos puertas, rejas y un altar dedicado a san Fernando.

En el año 1829 el médico y académico Nicolás Molero redactaba un *Memorial Histórico-Descriptivo del Real Hospital de san Lázaro de Sevilla* donde reseñaba que:

> la estancia de los enfermos se encuentra dividida en dos departamentos uno de hombres y de mujeres el otro, el primero está colocado alrededor de segundo

---

22. Archivo Intermedio Militar Sur, Cartoteca, 26/37.
23. Vilaplana (2017): II, anexo VIII.
24. Hermosilla (1970): 707.
25. Vilaplana (2019): 387-402.
26. ADPS, *Hospital de San Lázaro, Ynventario de los muebles, Alajas y efectos del Real Hospital de San Lázaro Extramuros de la ciudad de Sevilla*, legajo 25, se considera redactado por José María Murta Donaire y Figueroa, capellán del Hospital.

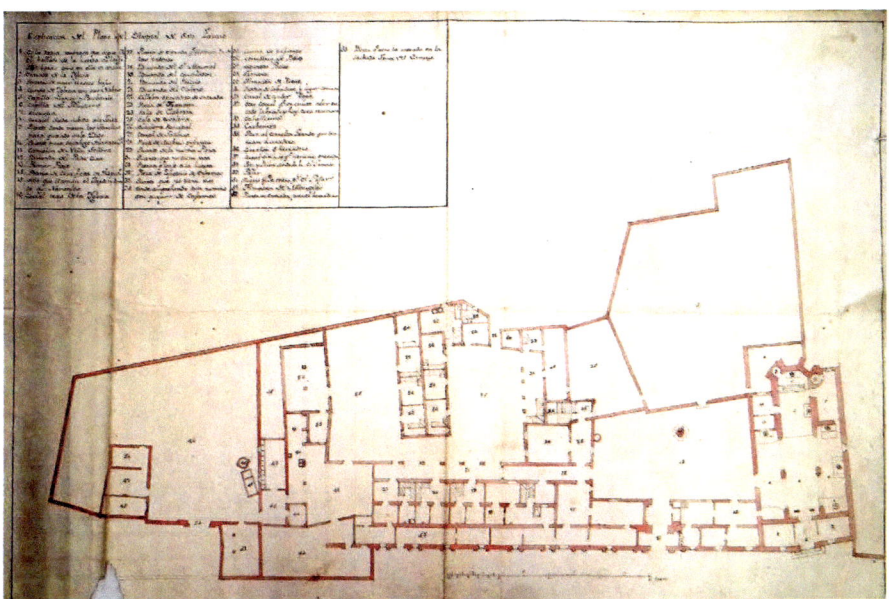

Figura 11. *Plano del Hospital de San Lázaro*. Hacia 1760

patio y consta de doce habitaciones, la de enfrente y principal es el refectorio de una módica extensión... las otras once habitaciones son las señaladas para los enfermos, estas son bastante reducidas, de poca altura sin más ventilación q.ᵉ la de una desmedrada ventana (Ruiz Vega 2014: 107-119).

Por su parte, en 1844 cuando González de León describe el edificio señala que a la izquierda de la puerta principal, por:

un tránsito [...] se entra en otro patio que es el principal, más pequeño que el primero, y asimismo cuadrilongo, y está en el centro de la parte destinada para habitar los enfermos que viven en cuartos separados, y en este patio se ve el refectorio donde se reúnen a comer, y otras oficinas comunes (González de León 1844: II, 247-248).

Estas referencias delatan cómo el avance en la consideración y tratamiento de la enfermedad propició cambios constructivos que lo acercaron, en su conformación arquitectónica, al de hospital-sanatorio «moderno», con salas para hombres y mujeres, en las que se distribuían los enfermos en habitaciones separadas. Sin embargo, la mala situación de San Lázaro continuaba. Así lo expresa la *Noticia razonada sobre el Real Hospital de San Lázaro*, manuscrita y firmada el 12 de noviembre de 1814 por el capellán del lazareto José María Murta Donaire y Figueroa, quien informa que, desde el punto de vista asistencial, los lacerados se encontraban en «absoluto desamparo» por la mala gestión de los bienes y el abandono institucional de la casa. La iglesia desde 1811 se hallaba en inminente riesgo de desplome, sus suelos hoyados y peligrosos, las «crujías del frente al público y las del interior destechadas», a lo que se puso remedio, al menos en parte, con obras que finalizaron en 1814[27].

Este mal estado continuó avanzando en el siglo, como quedó recogido por Collantes en su *Memorias históricas* (1884) quien, como testigo presencial de la situación, señala que buena parte del Hospital era una completa ruina, sobre todo la zona izquierda, y que, gracias a la nueva gestión de la Junta de Beneficencia –de la que dependía San Lázaro desde 1854– y de la Diputación Provincial, se puso en marcha un plan general de obras de reparación y de construcción.

La primera tentativa en este sentido se producía en abril de 1860, cuando el arquitecto José de la Coba presenta un proyecto de obras para San Lázaro, que, aunque no conservado ni realizado, nos es conocido gracias a la memoria incluida en el *Expediente sobre remisión de memoria y presupuestos para el ensanche y reparación de los establecimientos de Beneficencia*, firmada el 1 de enero de 1861, que contenía planos de la planta baja y alta, de la fachada y sección del establecimiento[28]. Proponía, para independizar a los enfermos por sexos, que entonces se «hallaban confundidos», realizar de nueva planta el departamento para mujeres, el cual era el que estaba en peor estado. Podía ser de una planta y ubicarse en el jardín situado frente a la puerta de entrada del Hospital, derribando para ello «las habitaciones irregulares» allí existentes. Incluiría, además, un pórtico y vestíbulo para recibir los alimentos; en las otras tres galerías, letrinas en uno de los extremos, baños separados, refectorio, sala de trabajo, y fuente en el centro del jardín, lugar para recreo de las enfermas. También planteaba la reducción a dos de las tres naves paralelas a la fachada renacentista, «que se hallan en completa ruinas, así como reconstruir la escalera, reparar y solar el piso y colocar cancela de hierro a la entrada de esta zona donde tendrían acomodo treinta leprosos varones».

El 30 de septiembre de 1861, se presenta un nuevo *Proyecto de reparación del Hospital de San Lázaro* por Balbino Marrón y Ranero, arquitecto provincial desde 1860[29]. En las veintiuna hojas de la memoria manuscrita se refiere igualmente el lamentable estado de deterioro del Hospital y se alude con detalle al anterior proyecto de José de la Coba del que se incluían los planos, y de quien se toman algunas de sus propuestas que finalmente se llevaron a cabo. El 9 de febrero de 1863, la Junta de Beneficencia aprueba la ejecución

---

27. ADPS, *Hospital de San Lázaro*, legajo 4, en Vilaplana (2017): II anexo X.
28. ADPS, Junta de Beneficencia, legajo 41 A.
29. Linares (2016): 80-82; Vilaplana (2017): II, anexo XII, ADS, Junta de Beneficencia, legajo 56.

de obras, pero descartando la relativa al pabellón de mujeres, para el que el 23 de febrero Balbino Marrón presenta un nuevo proyecto centrado solo en el departamento de hombres, con sus correspondientes condiciones facultativas y económicas. Resulta interesante en las condiciones del proyecto los datos referidos a la utilización de materiales tradicionales y a su procedencia: ladrillos, solerías y tejas de arcilla de Sevilla, morteros de Dos Hermanas, yeso de Lebrija; y para los pilares o columnas de fundición de las estructuras de las naves tras la fachada renacentista hierro procedente de Vizcaya, elementos sustentantes que en efecto, se aprecian en antiguas fotografía tomadas en 1929.

Las obras se anunciaron en pública subasta, siendo adjudicadas a José Naranjo por 108.200 reales, que con el aprovechamiento de derribo cifrado en 34.462 reales daba un total de 142.662 reales[30]. Tras la fachada renacentista y para conseguir «la amplitud necesaria... deben reducirse a dos crujías o naves, las tres paralelas a la fachada, y que se hallan en completa ruina». Se establecía también la elevación a «una vara y media de la fachada, abrir ocho ventanas bajas y cinco altas en el muro exterior y otras tantas en el interior», macizándose algunos huecos exteriores.

El plan de obras de mejoras en el Hospital continuó con la reparación en la iglesia de la tablazón de las cubiertas de las naves laterales, y en la zona de mujeres la edificación de una escalera independiente, para lo cual Balbino Marrón firmaba sendos presupuestos el 20 de febrero y 1 de marzo de 1864, respectivamente. El arquitecto certificaba el final de todos los trabajos el 22 de abril de ese año. Se ha propuesto que fue en el trascurso de esta serie de obras cuando se ejecutó el cuerpo antepuesto a la iglesia hasta la Torre de los Gausines, con el consiguiente traslado de la portada del templo de su hastial original, quedando así todo el frente del Hospital alineado, aunque se ha considerado que esta operación se produjo en la segunda mitad del siglo XVIII.

De 1890 se conserva el plano levantado en junio de ese año (fig. 12) por Manuel de la Vega y Antonio Padura, arquitectos en esa fecha de la Diputación Provincial de Sevilla, institución que desde 1868 tenía encomendada la gestión y administración de los centros de beneficencia. En dicho plano se aprecia, en efecto, las dos nuevas crujías de la fachada con la leyenda «enfermería de hombres» situada en el centro, y en el extremo norte la de mujeres con la referida escalera. Este nuevo dibujo aporta el dato de la superficie del recinto hospitalario en esa fecha, que era de 5.689,08 m^2. En él se advierte además una nueva edificación en el jardín situado tras la cabecera de la iglesia,

---

30. ADPS, Junta de Beneficencia, legajo 38, *Expediente para la contratación pública subasta de la obra de reparación del Hospital de San Lázaro*.

con acceso desde la huerta, que se detalla como «Cocina, Almacén y Cuadra», construcciones de carácter auxiliar y de servicio del Hospital.

Destaca también en este plano el ajardinamiento del primer patio o patio de acceso y la existencia en su lado oeste de una galería con columnas o pilares de hierro, dibujada con seis vanos y una puerta central[31].

Durante el siglo XX se suceden reformas, adiciones, demoliciones y cambios en los espacios y en los usos de San Lázaro. En 1927 y 1929 se constata una reconstrucción, o más bien, la sustitución de la referida galería cubierta del denominado en la documentación y planimetría histórica *primer patio*, por otra neomudéjar cuyo proyecto se atribuye a Antonio Gómez Millán por ser el arquitecto provincial desde el año 1912. Toma como modelo la galería del claustro del monasterio de Santa María de la Rábida, en donde el referido arquitecto se encargaba desde 1923 de la rehabilitación de dicho monasterio, lo que afianza aún más la adjudicación a Gómez Millán la realización del patio de San Lázaro.

En la década de los años treinta y dentro del «plan general ya comenzado» se desarrollan arreglos en el recinto, del que «solo puede conservarse algunos elementos constructivos que por su estado lo permitan», para así adaptar San Lázaro a las nuevas necesidades y planteamientos, en lo que a enfermería y hospitalidad se refieren, completamente distintos al que había tenido el lazareto. Las obras son emprendidas por la Diputación Provincial, de quien depende el Hospital en esas fechas, con proyectos de los arquitectos provinciales Rafael Arévalo Carrasco y Gabriel Lupiáñez Gely. En un informe de 1931 y 1932 se detalla que se había construido de nueva planta un «pabellón aislado para los leprosos» y la mitad de un proyectado hospital para tuberculosos.

De 1938 y de los citados arquitectos son los planes de habilitación de un consultorio, de la reconstrucción de cubiertas en zonas de comunidad e iglesia, de reformas en salas altas, de un nuevo cerramiento, entre otras actuaciones. Son transformaciones que se observan en las planimetrías de los años cincuenta y sesenta, periodo en el que se opera el derribo de las antiguas estancias del patio de enfermos (refectorio, sala de labores...) para dar paso a nuevas construcciones.

En el primer patio, en su lado norte y sustituyendo a otra sobre pilares de hierro, se construyó una nueva galería, finalizada en 1979, proyecto de los arquitectos de la Diputación Álvaro Gómez de Terreros y José Luis García López, para cuyo diseño tomaron como modelo la galería neomudéjar edificada en 1929. Estos arquitectos también se encargaron de las obras de restauración, ampliación y modernización de la ya ex leprosería en los años sesenta y setenta.

---

31. ADPS, Mapas, planos y dibujos, nº 394, *Planta baja del Hospital de San Lázaro*.

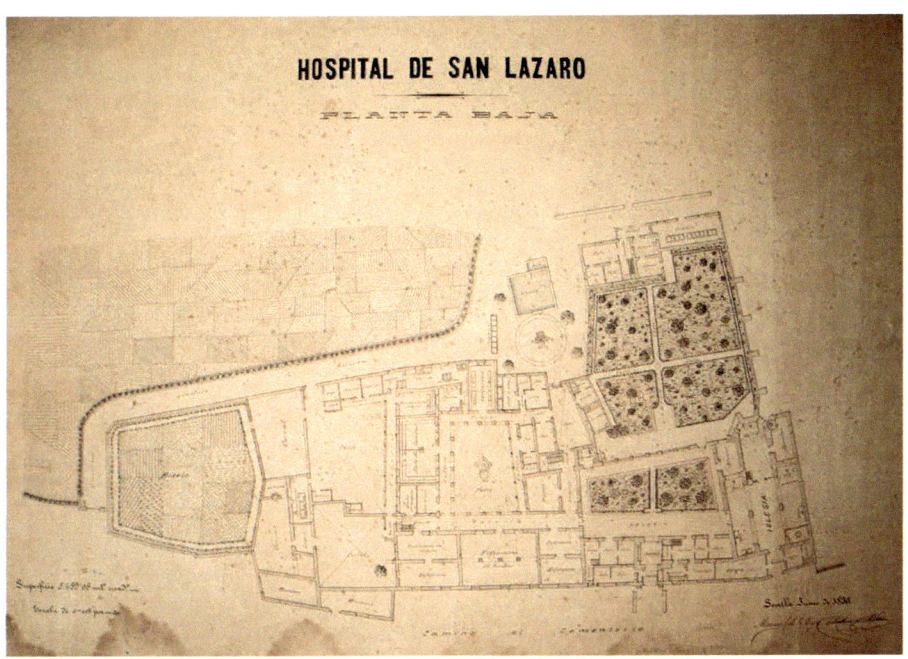

Figura 12. Manuel de Vega y Antonio de Padura. *Planta baja del Hospital de San Lázaro*. 1890

En 1964 se procedía al derribo y vaciado de las construcciones establecidas tras la fachada renacentista, la cual se desembarazó en su parte posterior del enfoscado y relleno que mantenía oculta su fábrica. Se ha señalado que la fachada renacentista estuvo «desaparecida durante siglos», tapiada y olvidada hasta esta intervención de 1964. Sin embargo, antiguas fotografías tomadas desde el exterior del Hospital muestran claramente y en toda su integridad la fachada renacentista, tal y como hoy la vemos. Así se constata en la fotografía que aparece en el «Álbum fotográfico de los establecimientos benéficos de la Diputación», del año de 1929, o la realizada por Serrano en 1935 (fig. 13).

Entre 1972 y 1975 se construye el denominado pabellón de hospitalización, tras la iglesia, en lo que fuera la zona de huertas. La comunicación con la parte histórica de San Lázaro se establece mediante una galería cubierta. Por su parte y desde los años noventa, en la iglesia se constata un paulatino deterioro, situación que continúa en nuestros días, con peligro de desplome de la cubierta, desprendimiento de la campana, veleta y cruz de la torre campanario, deterioro de los paramentos y desprendimiento de los paneles cerámicos del interior del templo. En 2013 se efectuaron obras de urgencia en las que se sustituyó la cubierta. Por otro lado, también presentaban desperfectos y daños el pabellón situado entre el templo y la torre de los Gausines, lo que determinó su cierre.

7. La arquitectura conservada

La Torre de los Gausines

La denominada Torre de los Gausines fue, como ya se ha dicho, el germen histórico de San Lázaro. La configuración original de este torreón defensivo medieval apenas puede percibirse actualmente, por hallarse enmascarado por las ampliaciones y construcciones modernas que desvirtúan su imagen. Al exterior se aprecia su volumetría cuadrangular de dos plantas y cornisa con doble listel; desde el patio interior su parte posterior emerge entre las nuevas edificaciones hospitalarias.

En la planimetría histórica manejada la torre se identifica por el mayor grosor de sus muros con respecto al de las otras estructuras constructivas posteriores, muros que continúan conformando los paramentos verticales sustentantes de las edificaciones ulteriores. Las medidas de la planta cuadrangular de la torre se han establecido en seis metros por cada lado, aproximadamente. Esta solidez constructiva llevó a Collantes a considerarla edificada sobre cimientos romanos, lo que en el estado actual de las investigaciones y a falta de catas arqueológicas, no es posible aseverar. La planta baja conforma hoy el vestíbulo de entrada al recinto hospitalario, siendo su cubierta original con bóveda de aristas, según descripción de los que aún llegaron a verla, y que debe permanecer en el interior de la estructura moderna que conforma el actual techo.

Actualmente, la torre se halla rehundida con respecto a la cota de la calle debido a la subida de nivel de viario circundante, producida por la reurbanización y nuevo trazado acontecido en los últimos años del siglo XX, como ya hemos referido.

En la base de la torre y, creemos, respetando su vano original medieval, se abre la puerta principal de acceso al Hospital, la cual no se encuentra situada en su eje central sino desplazada hacia la izquierda. Su diseño se inspira en el folio XXVIII de la obra *Los siete libros de la arquitectura* de Sebastián Serlio. Está realizada con ladrillo enfoscado y se configura mediante un vano adintelado flanqueado por semicolumnas fajadas y listeles horizontales pintados

Figura 13. Fachada del Hospital de San Lázaro. Puerta principal de acceso
(foto Serrano, 1935)

en color amarillo albero. En el segundo cuerpo y tras un entablamento liso, se dispone un frontón curvo y roto en cuyo centro se ubica un balcón sin decoración y sin el guardapolvo, que quizás pudo tener (fig. 14).

En 1762 se colocó sobre el sobre el balcón un panel cerámico con la representación del escudo real de la casa de Borbón, rodeado con el Toisón de Oro y con la siguiente inscripción en su borde inferior:

SIENDO MAYORAL EL S^R. D^N DIEGO DE
TORES MARGAN 24 DE SEVILLA. A DE 1762

Figura 14. Portada de acceso al Hospital de San Lázaro abierta en la Torre de los Gausines, en su estado actual

Figura 15. Panel cerámico con el escudo real de España. 1762

Recordemos que en dicho año se terminó la renovación de la portada, momento en que debió de abrirse el balcón y los dos ventanales rectangulares en eje, arriba y abajo, y situados en la parte derecha de la torre, y colocarse el escudo real conmemorativo (fig. 15).

El panel cerámico constituye un magnífico ejemplar de los denominados *azulejos de propio*, que se colocaban en las fachadas de las casas o edificios para dar cuenta de la propiedad de ellos, en este caso la monarquía hispana. Está realizado en barro cocido, vidriado y pintado a mano en azul, melado, amarillo, blanco y negro, sobre fondo blanco. Sus medidas son 104 × 48 cm y lo conforma un total de cuarenta y ocho azulejos de 13 × 13 cm. El escudo está divido en cuatro cuarteles con las armas de los reinos, sobre una cartela de bordes recortados de rocalla y con la corona real en la parte superior. El conjunto se enmarca por listel liso amarillo.

La iglesia

La iglesia es una de las piezas arquitectónicas más valiosas de las conservadas del Hospital de San Lázaro. Presenta la orientación este-oeste, prescrita en la liturgia cristiana, y se encuentra un tanto escorada hacia la izquierda con respecto a la línea de fachada del Hospital. En la segunda mitad del siglo XVIII se le antepuso un cuerpo a los pies que vino a alinear todo el frente sur de San Lázaro, como ya hemos analizado. Esta nueva crujía determinó que la portada de la iglesia, situada en el hastial de los pies y en el centro de la nave principal, fuera removida de su ubicación original y emplazada con este mismo eje en dicho nuevo cuerpo. Actualmente, la entrada al templo desde la calle está inhabilitada al encontrarse la portada cegada y rehundida en su tercio inferior debido a la elevación del firme de la avenida Doctor Fedriani, siendo su acceso solo posible desde el patio interior del Hospital, por la puerta lateral de la iglesia situada en el lado del evangelio (figs. 16 y 17).

No se conocen datos documentales sobre la autoría, fecha de ejecución, ni planimetría original de la iglesia. A través del análisis de sus formas arquitectónicas y decorativas se han establecido consideraciones estilísticas y aproximaciones a su cronología constructiva. Don Diego Angulo la asimiló al modelo parroquial mudéjar sevillano, dentro de grupo de iglesias influidas por el que denomina *modelo de 1356*, prototipo sencillo, sin crucero, de cabecera única y profunda, y cuyo ábside presenta rasgos comunes con las de Omnium Sanctorum, San Andrés y San Esteban[32].

En consideración a la pequeña comunidad a la que iba destinada, el templo lazarino presenta unas dimensiones moderadas y sin grandes excesos constructivos ni decorativos. Está realizado en ladrillo enfoscado y encalado, reservándose la piedra para las nervaduras y ménsulas de la bóveda del ábside y para el arco toral. El cuerpo es de planta basilical de tres naves separadas

---

32. Angulo (1932): 62-63.

Figura 16. Portada de la iglesia en su estado actual

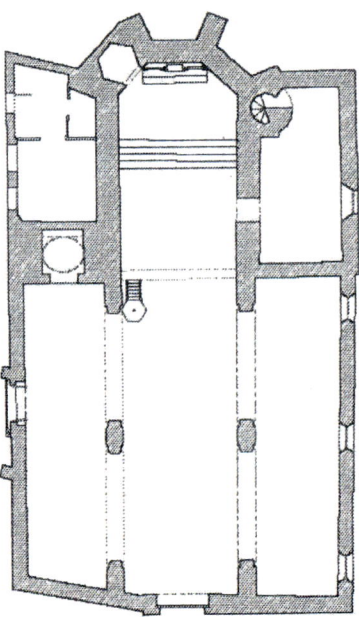

Figura 17. Planta de la iglesia (F. Vilaplana, 2017)

por dos arcos apuntados ojivales a cada lado que apean sobre robustos pilares cruciformes (figs. 18 y 19). Estos alzados responden igualmente, a los modelos de las iglesias mudéjares sevillanas de los siglos XV y XVI. Hay que señalar que la nave del evangelio presenta a los pies un ligero chaflán oblicuo.

La nave central, más alta y ancha que las laterales, se cubría originalmente con artesonado de madera en forma de artesa, mientras que en las laterales eran de colgadizo, según testimonio Gestoso en 1892, quien indica que ya en esa fecha no existían las cubiertas primigenias. Ventanas rectangulares de iluminación abren en la parte superior del paramento de la nave principal, mientras que las de las laterales son circulares. Al exterior, las cubiertas son de tejas, a dos aguas para la nave central y de vertiente inclinada para las laterales.

El alongado presbiterio (fig. 20) presenta la misma anchura que la nave central de la que está separado por un arco toral apuntado de piedra, que descansa sobre ménsulas decoradas con un doble juego de motivos vegetales a base de cardinas. Un primer tramo recto cuadrangular precede al espacio poligonal del ábside, al que se accede por cinco gradas. La iluminación la recibe a través de las dos ventanas ojivales geminadas situadas en dos de los lados del polígono. Sus huecos se conforman mediante dos medios punto sobre ajimez y sencillo óculo circular en la parte superior, y debieron contar en origen con las correspondientes vidrieras coloreadas.

Figura 18. Interior de la iglesia del Hospital de San Lázaro

Figuras 19. Arcadas de la iglesia del Hospital de San Lázaro

La cubierta de la cabecera se reviste con bóveda de crucería de terceletes, cuyos nervios son de sillares de piedra labrada y los plementos de ladrillo
enfoscado. Sus apoyos son ménsulas igualmente decoradas con los referidos
motivos fitomorfos; esta bóveda de terceletes presenta gran semejanza con

la de la capilla de Santa María de Jesús de Sevilla. Al exterior sobresalen los cuatro robustos contrafuertes lisos de sección rectangular que contrarrestan el empuje del ábside, el cual se halla coronado con almenas escalonadas o de gradas con antepechos, es decir que no quedan exentas, una disposición que encontramos igualmente en la citada capilla de Santa María de Jesús y también en la cartuja de Santa María de las Cuevas. Este juego de merlones escalonados se prolonga, recorriendo todo el perímetro de la cabecera de la iglesia lazarina.

En el testero de la nave del evangelio, a la izquierda del presbiterio, se abre una pequeña capilla que debe corresponder con la referida por Collantes como «oratorio», que en 1884 se estaba rehabilitando y donde se pensaba colocar «otra imagen de san Blas que recuerda la escuela de Berruguete».

En el lado derecho del ábside emerge la torre campanario, realizada en ladrillo enlucido y encalado (fig. 21). Es de planta octogonal de dos cuerpos; la caña de la torre es lisa y tras una cornisa se desarrolla el campanario, en cuyos paramentos se alternan huecos ciegos y abiertos rematados en medios puntos. Un entablamento con triglifos y metopas recorre todo el perímetro del campanario, dando paso a una cornisa semejante a la anterior sobre la que distribuyen frontones triangulares y curvos en alternancia. Un cupulín con cruz de forja cierra y corona el conjunto.

Figura 20. Ábside del presbiterio de la iglesia del Hospital de San Lázaro

Al campanario se accede a través de una pequeña escalera helicoidal situada en el ángulo noreste de la sacristía. Esta queda emplazada en el plan de la iglesia a la derecha del presbiterio y constituye un sencillo espacio de planta rectangular. En correspondencia, al lado derecho, se encuentra otro espacio de semejante planta, con acceso desde el patio, que sirvió durante algún tiempo de casa para el capellán de San Lázaro.

La portada de la iglesia (fig. 22) está realizada en ladrillo agramilado y se configura con un vano único de medio punto con sencillo pero cuidado trabajo latericio en la rosca y jambas del arco, el cual se encuentra enmarcado por alfiz del mismo material. La moldura que remata el conjunto se

Figura 21. Ábside y torre campanario de la iglesia del Hospital de San Lázaro

Figura 22. Portada de la iglesia del Hospital de San Lázaro

Figura 23. *San Lázaro*. Panel cerámico de la portada de la iglesia del Hospital de San Lázaro

Figura 24. Pila bautismal. Sevilla, Museo Arqueológico

rompe en el centro para dar cabida a un panel cerámico de cuarenta y dos azulejos de barro cocido, vidriado y pintado a mano en azul, verde, amarillo y melado (fig. 23). Representa a san Lázaro, situado en un paisaje, en su iconografía de pobre llagado, apoyado en una muleta, al que unos perros le lamen las heridas de sus piernas que se ven en las aberturas de su raído sayal. En su mano derecha lleva las tablillas o tarreñas que al sonar avisa de su presencia. La escena está enmarcada por una cenefa floral que recorre todo su perímetro.

La datación de la portada se sitúa a finales del siglo XV o principios del XVI y el panel cerámico de mediados del siglo XVIII, probablemente de 1761 fecha de terminación de la importante reforma llevada a cabo en el Hospital.

A los pies de la nave del evangelio se hallaba situada la pila bautismal, que actualmente se conserva en el Museo Arqueológico de Sevilla, donde fue depositada en 1907 por la Diputación de Sevilla a instancias de José Gestoso, como se recoge en el pedestal octogonal donde aparece su firma y la siguiente inscripción conmemorativa en caracteres góticos: «Pila Bautismal. Fabricación trianera. Siglo XV-XVI. Procede del Hospital de San Lázaro. Depositada por la Excelentísima Diputación provincial en MCMVII» (fig. 24).

Se trata de un magnífico ejemplar realizado en cerámica tallada y vidriada de color verde en su cara exterior y blanco en el interior, muy valorada por todos los que la conocieron *in situ* y estudiada por Gestoso en 1903, quien señala como su posible autor a Fernán Martín Guijarro, un notable

Figuras 25, 26 y 27. Paneles de azulejos del presbiterio de la iglesia del Hospital de San Lázaro

ceramista mencionado en la nómina del Alcázar de Sevilla de 1479, donde se le nombra «maestro de azulejos é de pilas», y al que los Reyes Católicos le otorgaron en el año 1500 carta de franqueza para continuar trabajando en obras en el Alcázar sevillano[33]. Por ello, la ejecución de la pila bautismal se ha acotado entre 1476 y 1525, en un estilo de transición entre el gótico y el renacimiento.

La pila bautismal tiene una altura total de 1,06 m y se compone de dos piezas independientes (aparte, el pedestal añadido por Gestoso): un fuste cilíndrico de 42 cm de altura y una taza para el agua del bautismo de 52 cm de alto por 3 m de circunferencia. Ambas se hallan decoradas con motivos vegetales a base de tallos con hojas y piñas realizados con moldes, que se distribuyen por la panza de la taza y el fuste helicoidal, ornamentación que se completa con motivos de nudos en su base y anillo del pedestal.

En el presbiterio de la iglesia se conserva, en parte, los valiosos zócalos de azulejos que tapizan su tercio inferior y la escalera (figs. 25, 26 y 27). Son azulejos de cuenca de notable interés artístico y decorativo, que conforman distintos motivos vegetales a base de lacerías, granadas, hojas y flores, de brillante y variado colorido en azul, melado, verde, manganeso, blanco y negro. Su ejecución

---

33. Gestoso (1889): I, 87.

Figura 28. Púlpito de la iglesia del Hospital de San Lázaro

se ha establecido en torno a 1536 por el maestro azulejero «Polido», que podemos relacionar con el ceramista Diego Polido que en esa fecha trabajaba activamente en el Alcázar de Sevilla.

En el interior del templo aún se conserva, en el lado del evangelio, el púlpito de forja de hierro, pintado en negro y fechable en el siglo XVII (fig. 28). Consta de un vástago con macolla en su parte media, apoyado en un pequeño cilindro mármol, y tribuna hexagonal formada por un sencillo barandal con diecisiete balaustres con engrosamientos como única decoración a lo largo de cada uno de ellos. La parte inferior de la tribuna está ornamentada con motivos de ces recortadas. La escalera de acceso es moderna y está realizada en hierro fundido y se encuentra también pintada en negro. Carece del tornavoz que según las fuentes manejadas tuvo originalmente.

La fachada renacentista

Una de las piezas arquitectónicas más significativas del Hospital de San Lázaro es su fachada renacentista, un excelente ejemplo de su estilo dentro la arquitectura civil sevillana, que bien merece una mayor y más cuidada conservación (fig. 29). Emplazada en la antigua «carrera» o «camino de San Lázaro", actual avenida del Doctor Fedriani, arranca desde la Torre de los Gausines hacia el norte cincuenta metros; en su encuentro con la Torre buena parte del último módulo compositivo ha quedado embutido en ella debido a los engrosados y añadidos de esta. Asimismo, la fachada se encuentra hoy afectada por el recrecido del pavimento que la ha soterrado, desvirtuando la apreciación de su altura real. Pese a ello, resulta un frontis de gran interés por su elegancia y valiosa composición; su construcción significó una mejorar sustancial del exterior del lazareto al que dotó de un frente homogéneo, de gran prestancia y cuidado diseño, por lo que resulta desconcertante que eruditos tan sensibles como Collantes o Gestoso no se refieran a ella en sus descripciones del Hospital.

La fábrica es de ladrillo, el material constructivo de tradición local, que en algunas zonas es visto y en otras enfoscado y coloreado en blanco y amarillo albero. El diseño de la fachada se inspira en modelos extraídos de la obra del arquitecto boloñés Sebastián Serlio *Los siete libros de arquitectura* (1537-1551), un tratado que ofrecía un vasto repertorio de motivos arquitectónicos, del que ya se contaba versión castellana en 1552. La aplicación de los modelos de este tratadista a la fachada del Hospital determinó que su configuración presente un estilo de clara inspiración manierista.

La fachada consta de dos cuerpos en los que se superponen los órdenes dórico y jónico y en ambos se desarrollan de manera reiterada tres módulos distintos. Para la planta baja se toma el modelo dibujado por Serlio en el folio IX del libro IV e ideado como puerta de ciudad y que en San Lázaro se repite ocho veces (figs. 30 y 31). Se articula mediante semicolumnas dóricas enfoscadas y arcos de medio punto, insertándose en los intercolumnios dos niveles de huecos de puerta y ventana rehundidos y ciegos, realizados en ladrillo visto y cuidadosamente trabajado, como también se manifiesta en el dovelaje de los arcos. Un entablamento con arquitrabe, friso de triglifos y metopas, y cornisa recorre de continuo toda la fachada, y sobre él se dispone el segundo cuerpo, cuyo diseño combina los trazas de los folios XLIIII y XXXV de dicho libro de Serlio. En este cuerpo se acomoda un doble juego de huecos y macizos, con balcones entre semicolumnas jónicas,

Figura 29. Fachada del Hospital de San Lázaro. Siglo XVI

Figuras 30 y 31. Sebastián Serlio. *Los siete libros de arquitectura*,
libro IV, folios, XLIII y IX

arquitrabe liso y frontón recto, y paramentos ciegos serlianos coronados por óculo circular (figs. 32 y 33).

Inicialmente la fachada fue concebida como galería porticada abierta, accesible desde el exterior, como lugar de descanso de los viajeros, que se abastecían de agua de la fuente próxima y sus caballerías de un pilón inmediato. También servía de refugio y lugar de espera de los devotos que acudían a las fiestas patronales del lazareto, como ya hemos expuesto anteriormente. En fecha desconocida sus arcos fueron cegados, como se constata en el dibujo de la planta baja del Hospital de 1685 en el que se traza un muro corrido con un solo punto de entrada, indicándose en la leyenda que «[...] fue portal descubierto y oi está cerrado». Se ha propuesto que este cierre se produjo tras la epidemia de peste de 1649 en que el Hospital de San Lázaro acogió a los afectados y al parecer se produjeron importantes desperfectos.

En cuanto a su autoría y fecha de ejecución de la fachada, la historiografía artística la ha considerado obra de Hernán Ruiz II de alrededor de 1564, lo que ha sido rebatido a favor Vermondo Resta (*c.*1555-1625), arquitecto milanés activo en Sevilla desde 1587 y encargado de la construcción de la edificación de los hospitales del Amor de Dios y del Espíritu Santo.

Sí diseñó Hernán Ruiz II la cruz de término o humilladero que, situado frente al Hospital, marcaba el cruce del Camino Real –que venía desde el monasterio de San Jerónimo– con la vereda de San Lázaro, como se aprecia en antiguas fotografías, y que a principios del siglo XX se colocó en la recoleta placita de Santa Marta de Sevilla, donde permanece. La conocida entonces como «cruz del camino», además de hito que señalizaba las calzadas a los

Figura 32. Detalle de la fachada del Hospital de San Lázaro

Figura 33. Detalle de la fachada del Hospital de San Lázaro

transeúntes, servía como punto religioso en donde encomendarse para tener un buen viaje (fig. 34).

El crucero fue levantado a instancias del ayuntamiento de la ciudad que hizo pregón público en la plaza de San Francisco el 17 de agosto de 1564, estando presente Hernán Ruiz, a fin de que «los maestros canteros e marmoleros que por menor precio se obligare a lo fazer...que ha de tener la cruz...

Figura 34. Cruz del Camino de San Lázaro

conforme a la muestra… hacer una cruz de mármol en la que vaya labrada un crucificado y en la otra banda en el mismo mármol una quinta angustia». La piedra utilizada debía ser de El Puerto de Santa María y el mármol de Espera. El trabajo se adjudicó por baja a Diego de Alcaraz por ochenta ducados quien el 25 de agosto se obliga a realizar la obra, actuando como su fiador Hernán Ruiz[34]. Hernán Ruiz en su testamento, otorgado el 20 de abril de 1569, mandaba dar a San Lázaro cinco maravedíes de limosna.

Sobre una plataforma escalonada de tres gradas cuadrangulares se asienta el crucero compuesto por una basa también escalonada en decreciente, un pedestal rectangular con cornisa, que en una de sus cuatro caras tiene inscrita la frase «*UNA AVE MARÍA*». Sobre él monta una columna con

---

34. López Martínez (1929): 133-134 y 138.

capitel corintio que sostiene la cruz que en sus dos caras presenta labrada las imágenes prescritas en el contrato de Cristo Crucificado y la Virgen Dolorosa, obras que se consideran realizadas por Juan Bautista Vázquez el Viejo.

En relación con el cuerpo que se desarrolla desde la Torre de los Gausines hasta la iglesia, anteponiéndose a ella, se ha estimado que su construcción hubo de tener lugar en la reforma efectuada en el Hospital a partir de la segunda mitad del siglo XVIII. Su autoría y características formales nos son desconocidas, hallándose en la actualidad cerrada y sin posibilidad de acceso por lo que no hemos podido estudiarlo.

El patio primero o de acceso

El denominado en la documentación patio primero se encuentra en eje con la puerta de entrada al Hospital y paredaño al lado del evangelio de la iglesia, con la que tiene puerta lateral de acceso. Es un amplio espacio abierto que en cierto modo vertebró históricamente al recinto, en torno al cual se distribuían las estancias principales de carácter tanto administrativo como residencial de los altos cargos que gestionaban la leprosería, como ya hemos explicitado anteriormente.

Su planta es un rectángulo irregular y su configuración actual corresponde a dos momentos constructivos ocurridos en el siglo XX, en que se procede al cierre del patio mediante dos galerías cubiertas, de una planta de altura, en sus lados oeste y norte. Ambas presentas el mismo diseño neomudéjar, tanto por su esquema compositivo como en el uso de los materiales. Hay que señalar que durante un tiempo se consideró erróneamente obra mudéjar de época medieval.

Entre 1927 y 1929 se edifica la galería oeste con diseño neomudéjar del entonces arquitecto provincial Antonio Gómez Millán (figs. 35, 36 y 37). Está realizada en ladrillo visto y consta de un basamento corrido que se interrumpe en el centro para dar acceso al claro del patio; a su izquierda y derecha abren cinco y cuatro vanos respectivamente, de cinco metro de ancho, que se articulan mediante pilares ochavados sobre basas cuadradas y capiteles acampanados que sustentan arcos de medio punto peraltados enmarcados por alfiz. En el extremo izquierdo que hace ángulo con la iglesia se dispone un vano menor con arco apuntado. El paramento interior de la galería se cubre con zócalo de azulejos.

La galería norte fue realizada en 1973 con proyecto de Álvaro Gómez de Terrero y José Luis García López, cuyo diseño sigue el mismo esquema y uso de materiales. Aquí los vanos son seis con las mismas medidas y características que los anteriores. Actualmente ambas galerías se cierran con carpintería de madera acristalada, conformando grandes ventanales.

Fig. 35. Patio primero o de acceso del Hospital de San Lázaro

Figura 36. Galería oeste del patio de acceso del Hospital de San Lázaro. 1927-1929

Figura 37. Galería norte del patio de acceso del Hospital de San Lázaro. 1973

Figura 38. Detalle del pilar ochavado de la galería oeste del patio de acceso del Hospital de San Lázaro

8. El patrimonio artístico

El retablo mayor, sus esculturas y pinturas

El 17 de julio de 1553 el entonces mayoral del Hospital Antonio Bélez de Alcoçer concierta con los maestros Juan Chacón y Pedro de Villegas Marmolejo el dorado del retablo mayor y la ejecución de las diez pinturas al óleo de sus tableros «entre grandes y pequeños queste Retablo tiene»[35], por lo que en esa fecha el retablo estaba realizado y asentado en el presbiterio. Este retablo no se ha conservado y se desconoce quién fue su autor; sobre sus características formales sabemos que constaba de banco, dos cuerpos de tres calles y ático, según se infiere del contrato, en el que además de los temas pictóricos a representar se indicaba su distribución en él.

Noticias documentales informan que en 1518 Bartolomé de Mesa contrata la ejecución de pinturas en el templo de San Lázaro; el domingo 14 de febrero de ese año se sacaron a pública subasta, en la que pujaron varios maestros, siendo obtenida por baja en la cantidad de dos mil maravedíes por Mesa, quien el 18 de febrero firma el contrato con el mayoral Juan Barba Cabeza de Vaca[36]. La transcripción del documento no permite tener un ajustado conocimiento del trabajo realizado al expresar una serie de términos (çargaves, garpanes, callante, fenderaras, gisgola, coretelo...) de significado actual desconocido, aunque parecen referirse a labores de policromía y barnizado de unas vigas de madera con tres repartimientos en los que se podrían escudos de armas, también de travesaños de puertas, cercos y albanegas. Este Bartolomé de Mesa debe ser el pintor que en 1510 y 1511 realizaba labores de dorado de un sitial del prelado cardenalicio y de las pinturas de cinco profetas para el cimborrio de la catedral de Sevilla[37].

En fecha desconocida el retablo del siglo XVI fue sustituido por otro de estilo barroco de principios del siglo XVIII, de autor anónimo, que es el que

---

35. López Martínez (1929): 171-172.
36. Hernández Díaz (1933): 86-88.
37. Gestoso (1899): II, 62 y III, 360.

Figura 39. Retablo mayor de la iglesia del Hospital de San Lázaro

ha llegado a nuestros días (fig. 39). De seis metros de altura y tres y medio de ancho, se trata de un retablo marco ideado como soporte de las pinturas ejecutadas por Villegas y Chacón. Está realizado en madera tallada y dorada, es de planta rectilínea y su alzado se compone de banco con sagrario, un cuerpo con tres calles separadas por sencillas molturas, y una cornisa escalonada de gran volumetría que da paso al ático rectangular. Presenta un molduraje gallonado que enmarca los paneles pictóricos y una orla decorativa o ribete exterior con tarjas carnosas, racimos frutales y volutas enrolladas. El ático se adorna con guardapolvo y grandes y sinuosos roleos con forma de rocalla en los laterales. El actual frontal de altar es una modesta obra neoclásica del siglo XIX, realizado en madera y pintado imitando mármoles.

El conjunto de pinturas contratadas en 1553 por Pedro de Villegas Marmolejo y Juan Chacón lo componía un total de diez óleos sobre tabla, prescribiéndose en el documento claramente los temas a representar y su disposición en el retablo mayor, disposición que se ha mantenido en parte en el posterior retablo dieciochesco. En los tres compartimentos del banco debían pintarse «en el principal de en medio a de yr la quinta angustia con san juan y la magdalena», en el de la derecha *Cristo con la cruz a cuestas* y en el de la izquierda la *Coronación de espinas*. De estas tres obras la *Quinta Angustia* ya no se encuentra en él, desconociéndose su paradero.

En el tablero central y principal del primer cuerpo señala el contrato que «[…] a de yr pintada la imagen de san lazaro obispo vestido de pontifical», en el de la derecha la *Resurrección de Lázaro* y en el de la izquierda el *Martirio de san Lázaro*. El *San Lázaro obispo* fue citado por Ceán Bermúdez en su *Diccionario*, en el apartado dedicado a Villegas, pero situado en «un retablo de la iglesia» y en atención a su calidad artística no duda en parangonarlo con las obras de Pedro de Campaña: «En nada cede a las mejores tablas de Campaña el S. Lázaro de Villegas, vestido de pontifical, que está en un altar de la iglesia de los lazarinos»[38]. En 1810 esta pintura fue requisada por los franceses y depositada en el Alcázar donde se describe como original de Villegas: «un cuadro de 1 ½ vara de alto y 1 de ancho, San Lazaro Obispo». En 1811 Frédéric Quilliet envió la pintura a José I, a Madrid, perdiéndosele la pista desde entonces[39].

Para el segundo cuerpo establecía el contrato que en el centro se dispusiera «la imagen de nra. Señora con los ángeles que combinieren», y en los tableros laterales a izquierda y derecha respectivamente, «el ángel san Gabriel [...] y la imagen de nra. Señora en la salutación». Ninguna de estas tres pinturas existen o quizás nunca se realizaron por un cambio en el programa iconográfico, ya que las escenas conservadas representan los episodios del *Noli me tangere* o *Aparición de Cristo a la Magdalena*, y la *Magdalena penitente*. Hay que señalar que María Magdalena fue considerada, junto con san Lázaro, patrona de las primeras leproserías, lo que justificaría el cambio y su presencia en el retablo.

Para el ático se prescribía pintar un «dios padre con sus nubes y Resplandores» que tampoco se ha conservado. Así pues, hasta nuestros días han llegado seis pinturas de las diez contratadas mancomunadamente por Villegas y Chacón.

Pedro de Villegas Marmolejo (1519-1596) es uno de los pintores sevillanos más destacados de su generación. En su dilatada vida desarrolló una importante carrera artística de la que se conserva un buen número de obras que delata un estilo pictórico derivado de Rafael y sus seguidores, inspirándose para sus composiciones en grabados de maestros italianos y flamencos. El contrato de las pinturas del retablo de San Lázaro es el primer documentado conocido hasta ahora de Villegas.

Sobre Juan Chacón se desconocen datos fundamentales como lugar y fecha de nacimiento y maestro con quien se formó, aunque en 1548 contaba con taller abierto pues en esa fecha se documenta la recepción de un aprendiz. Existen abundantes referencias documentales que dan cuenta de su variado quehacer artístico como pintor de sargas, lienzos, arquitectura efímera, policromía de retablos y esculturas..., a menudo en trabajos mancomunados con otros artistas como Antonio de Alfián, Gaspar del Águila y con Villegas Marmolejo en las pinturas que nos ocupan, siendo por otra parte, la única colaboración conocida entre ambos y la primera noticia relativa a la actividad profesional de Chacón.

Las dos pinturas del banco de retablo con las representaciones de *La coronación de espinas* y *Cristo con la cruz a cuestas* se consideran obras ejecutadas

---

38. Ceán (1800): V, 258.
39. Gómez Imaz (1917): 188.

Figuras 40 y 41. Juan Chacón. *La coronación de espinas*, en su estado original y en su fase de restauración

por Juan Chacón[40]. A la fecha de la redacción de este trabajo están siendo restauradas en el Instituto Andaluz de Patrimonio Artístico, al igual que las restantes. Su mal estado de conservación no ha permitido una valoración más ajustada de sus características técnicas y, en general, de todo el conjunto pictórico; en cualquier caso ambas pinturas parecen presentan una inferior calidad artística con respecto a las restantes que se consideran salidas del pincel de Villegas (figs. 40 y 41).

---

40. Serrera (1976): 68.

Figura 42. Juan Chacón. *Cristo con la cruz a cuestas*. Iglesia del Hospital de San Lázaro, retablo mayor

En la *Coronación de espinas* Cristo sedente preside la escena, maniatado, con clámide roja, coronado de espinas y recibiendo en actitud sumisa la burla y escarnio de los dos sayones dispuestos a los lados, quienes cruzan varas sobre la cabeza de Jesús para presionar la corona sobre sus sienes, lo que otorgan un cierto dinamismo a la composición y estudio de detalle. Las tres figuras emergen de la ambientación nocturna en la que se desarrolla este episodio de la Pasión, que iluminadas por una luz directa enfatiza los gestos y actitudes de los persones y el intenso color rojo de la túnica de Cristo.

La pintura que representa a *Cristo con la cruz a cuestas* (fig. 42) recoge el pasaje evangélico de Jesús camino del Calvario que, vencido por el peso de la cruz, cae en tierra. Apoya su mano izquierda en una piedra mientras que Simón de Cirene, el Cirineo, situado tras él le ayuda a portar el madero, que sostiene en su parte inferior. La escena presenta una convencional disposición de las figuras, en un plano muy próximo al espectador y con un fondo de somero paisaje con un amplio y azul celaje, todo ello trazado con una factura muy simple.

Se adjudica a Villegas Marmolejo sin reservas la plena ejecución de las representaciones de la *Resurrección de Lázaro*, el *Martirio de san Lázaro*, la *Aparición de Cristo resucitado a María Magdalena* o *Noli me tangere* (No me

Figura 43. Pedro de Villegas Marmolejo. *Resurrección de Lázaro*. Iglesia del Hospital de San Lázaro, retablo mayor

Figura 44. Pedro de Villegas Marmolejo. *Martirio de san Lázaro*. Iglesia del Hospital de San Lázaro, retablo mayor

toques) y la *Magdalena penitente*, que se distribuyen hoy en el retablo aunque con una colocación alterada en el caso de las tablas de la *Resurrección de Lázaro* y del *Martirio*, que se hallan desparejadas en registros a distinto nivel.

La *Resurrección de Lázaro* representa el pasaje del Evangelio de san Juan (11: 17-44) cuando Jesucristo obra el milagro de la resurrección de Lázaro de Betania. La singular composición se ordena en una serie de diagonales escalonadas, donde se distribuyen seis figuras agrupadas de dos en dos, hábilmente dispuestas. En el plano inferior y en primer término se encuentra Lázaro que se incorpora del sarcófago, con las manos unidas y mirando a Cristo, mientras que un discípulo se apresta a desembarazarlo de la mortaja blanca que le envuelve. Detrás se sitúan sus hermanas Marta y María mirando igualmente a Jesús que, de pie al otro lado de la escena, extiende su brazo izquierdo tras proclamar las evangélicas palabras «¡Lázaro, sal fuera!». Otro discípulo asiste al milagro situado en el lateral derecho. Los personajes se iluminan con un haz de luz que hace resaltar sus marcadas volumetrías y el vivo colorido de sus vestimentas, además de enfatizar sus gestos y facciones, elementos que serán una constante en la obra del pintor. Tras ellos se halla la oscura boca de la cueva abierta donde estaba sepultado Lázaro y un pequeño celaje azul en el ángulo superior izquierdo (fig. 43).

El mismo tratamiento cromático y lumínico presenta el episodio legendario de *El martirio de san Lázaro* (fig. 44), una iconografía del santo apenas representada. Lázaro aparece arrodillado en actitud humilde y serena, con las manos unidas, mientras que un corpulento verdugo a su lado eleva la espada con la que lo va a degollar. Un grupo de soldados armados de lanzas y alabardas contemplan la escena, estando uno de ellos a caballo. Como en el tema anterior, la composición se resuelve mediante un punto de vista muy próximo al espectador, en un deseo de individualizar a los personajes y otorgarles monumentalidad, aunque el agrupamiento resulta torpe, debido quizás a una excesiva intervención de taller.

La ejecución para el retablo mayor de una pintura con el tema de la *Aparición de Cristo resucitado a María Magdalena* no se recoge en la escritura del contrato, como ya hemos señalado. Es un tema iconográfico frecuente en el arte cristiano desde la Antigüedad, descrito por los evangelistas Juan (20: 11-18) y Marcos (16: 9-11) y conocido como «Noli me tangere» (el versículo completo es «No me toques, aún no he subido al Padre»). Estas palabras fueron dirigidas por Cristo cuando, tras su resurrección, se encuentra con la Magdalena, quien se dirigía al sepulcro.

La escena se desarrolla al aire libre, en un ameno paisaje con lejanas montañas, cielo azul y ruinas arquitectónicas clásica, y una exótica pirámide. Ambas figuras están representadas de cuerpo entero y visión de tres cuarto, con sólida corporeidad y estática monumentalidad. La figura de Cristo de pie, se recorta sobre el fondo verde de la arboleda que lo respalda, se halla cubierto parcialmente con un manto rojo que deja ver su torso desnudo. Porta la cruz con banderola, símbolo de su triunfo sobre la muerte, y eleva su brazo derecho sobre la Magdalena arrodillada ante él. Esta se halla representada de perfil, con su acostumbrada larga cabellera suelta y portando el bote de perfume, su habitual atributo iconográfico, y vestida con túnica de color rosáceo y manto amarillo. Entre ambos se produce un emotivo cruce de miradas (fig. 45).

Las figuras están trazadas mediante líneas simples y esquemáticas que marcan los volúmenes con somero estudio de detalle, como es patente en el caso de la anatomía desnuda de Cristo que presenta un torpe escorzo en la disposición de brazos y torso, quizás por intervención del menos hábil Juan Chacón. En la luminosa claridad del escenario natural en que se desarrolla el episodio destaca el intenso colorido de las vestimentas de los protagonistas, que presentan no obstante, gestos contenidos y suaves expresiones faciales.

Para la composición de este episodio Villegas pudo auxiliarse del grabado de mismo tema realizado de hacia 1511-1519 por Alberto Durero (fig. 46).

Figura 45. Pedro de Villegas Marmolejo. *Aparición de Cristo resucitado a la Magdalena*. Iglesia del Hospital de San Lázaro, retablo mayor

Figura 46. Alberto Durero. *Aparición de Cristo resucitado a la Magdalena*

La pintura que representa a la *Magdalena penitente* muestra la habitual iconografía de santa arrepentida de sus pecados, una devoción que alcanzó gran popularidad por su relación biográfica con Jesucristo en distintos pasajes evangélicos y la influencia ejercida por tradiciones y leyendas medievales. Por su condición de mujer pecadora se convirtió en el prototipo de santa retirada para purificarse de su anterior vida licenciosa.

La figura se dispone en el centro de la composición y se inserta en un dilatado paisaje que incluye plantas, arbolado, lejanas montañas y el perfil de una ciudad, así como un amplio y luminoso celaje. Se halla representada de cuerpo entero, vestida con recato, sedente y con un libro abierto sobre sus rodillas; sostiene el crucifijo con su mano derecha mientras dirige su mirada al rompimiento de gloria que se abre en el ángulo superior izquierdo, donde se disponen tres angelitos cantores con una filacteria con notas musicales. Presenta las mismas características de dibujo y colorido que las pinturas anteriores de Villegas (fig. 47).

En el retablo mayor lazarino se sitúan hoy dos obras escultóricas de *San José con el Niño* y *Cristo crucificado*, actualmente en proceso de restauración en el Instituto Andaluz de Patrimonio Histórico. El *San José con el Niño*

Figura 47. Pedro de Villegas Marmolejo. *Magdalena penitente*. Iglesia del Hospital de San Lázaro, retablo mayor

(fig. 48), ubicado en el interior del baldaquino del segundo cuerpo, es obra anónima del tercio del siglo XVIII, y está realizado en madera tallada, dorada y policromada. El Patriarca se halla representado en edad joven, con rasgos faciales menudos y expresión amable, sosteniendo al Niño entre sus brazos. Este grupo escultórico puede corresponder al citado en el Inventario de Hospital de 1812, en un retablo lateral de la iglesia. Por otro lado, hay que señalar que el dorso del baldaquino del retablo tiene tallada una ráfaga de rayos dorados sobre fondo pintado en rojo, que delata que este espacio hubo de estar destinado en algún momento a la exposición de una custodia, tal y como se describe en el mencionado Inventario.

Figura 48. Anónimo. *San José con el Niño*. Iglesia del Hospital de San Lázaro, retablo mayor

El *Crucificado* (fig. 49) se emplaza en el ático del retablo y es también obra anónima, cuya fecha de ejecución se ha establecido a principios del siglo XVIII, correspondiendo con el momento de la ejecución del actual retablo. Se trata de un Cristo muerto, de tres clavos, sobre una cruz plana con INRI, con la cabeza caída sobre el pecho, de rasgos suaves y sin dramatismo. La figura presenta un tratamiento anatómico poco modelado, y se completa con el correspondiente paño de pureza blanco, de sencillos plegados, que se recoge con una moña en la cadera derecha.

Una escultura de *San Lázaro* fue inventariada, fotografiada y estudiada en el Hospital, situada entonces en la sacristía de la iglesia y en mal estado de conservación. Se trata de una talla de madera estofada y policromada de 76,5 cm de altura, cuya ejecución se adjudicó, por analogías formales, a Roque Balduque, escultor de origen flamenco documentado en Sevilla desde 1554[41]. Esta imagen debió presidir el retablo mayor como patrono que era del lazareto (fig. 50).

Iconográficamente se trata de un *San Lázaro obispo*, dignidad alcanzada en Marsella en donde fue martirizado, en la persecución de los cristianos decretada por Dioclesiano, y finalmente decapitado, según la tradición medieval de la Iglesia occidental recogida en la *Leyenda Dorada*[42]. Aparece de pie con la pierna izquierda flexionada, la mano derecha en actitud de sostener el báculo, hoy inexistente, y en la derecha sosteniendo un libro abierto; las manos están enguantadas. Se halla revestido con sotana, alba, capa pluvial abrochada al pecho con cabujón trilobulado y mitra, elementos en los que destaca no solo el buen trabajo de talla sino las labores de estofado y policromía con detallados motivos decorativos a base de hojas, flores, encajes, flecos y putti. Gran calidad

41. Torre (1992): 31-33.
42. Vorágine {ed. 1997]: II, 975.

Figura 49. Anónimo. *Cristo crucificado*. Iglesia del Hospital de San Lázaro, retablo mayor

presenta también el preciso rostro, de expresiva mirada, denotando todo ello el trabajo de un maestro experto. La escultura tiene su parte posterior sin tallar, solo desbastada. La fecha de su ejecución se ha establecido hacia 1555.

Otra imagen de *San Lázaro* consta inventariada en el archivo de la Diputación de Sevilla, también en muy mal estado de conservación como delata su antigua fotografía (fig. 51). En esta ocasión se representa al santo en su iconografía de leproso, de cuerpo entero, vestido con un sayal corto de color marrón con ribetes dorados y atado a la cintura, que permite ver parte de sus piernas y los pies descalzos. La cabeza presenta un leve giro hacia la derecha y se cubre con un sombrero de ala corta y vuelta hacia arriba. Debió de apoyarse en una muleta, elemento habitual en esta iconografía, como delata el pliegue bajo el brazo derecho, mientras que el izquierdo, al que le falta el antebrazo y la mano, se extiende hacia adelante para hacer sonar las tablillas que sostendría y que los leprosos estaban obligados a llevar para avisar de su cercanía al salir del lazareto.

Figura 50. Roque Balduque (atribución). *San Lázaro obispo*

Figura 51. Anónimo. *San Lázaro*

Alguna de estas dos imágenes del santo pudo presidir el retablo mayor, en razón de su condición de patrono del Hospital. En este sentido la referencia más antigua la da el abad Alonso Sánchez Gordillo, quien lo escribe en el primer tercio del siglo XVII, al citar en la hornacina principal del retablo un san Lázaro «vestido de damasco carmesí con una gorra de la misma seda al uso antiguo», según lo cual a la imagen era revestida en esas fechas con ropajes[43]. En el inventario de 1812 también se refiere la existencia de un san Lázaro en dicho lugar[44].

---

43. Sánchez Gordillo [ed. 1982]: 79.
44. *Ynventario de los muebles, alhajas y efectos del Re^l. Hospital de S^n. Lázaro Extramuros de la ciudad de Sevilla*, ADPS, Hospital de San Lázaro, legajo 25.

Otras obras

Con la advocación de *Crucificado de las Penas* (188 cm) se catalogó una escultura de madera anónima, datada en el siglo XVIII y situado en la nave de la epístola de la iglesia del Hospital de San Lázaro y como de notable interés artístico pese a estar repintado y retocado (fig. 52). Se describe como un Cristo muerto clavado en una cruz arbórea de tres clavos y debe corresponder con el citado en el inventario del año 1812: «Nave del Mediodía... un altar nuevo pintado de celeste, remates y perfiles dorados: la Imagen principal con un Crucificado con la advocación de las penas, difunto, una Dolorosa y un san Juan a los lado, todo de madera».

También en el citado inventario de 1812 se refiere la existencia en el lado de la epístola del presbiterio de un retablo dorado presidido por una escultura *de San Antonio con el Niño*, que puede corresponder con la catalogada en el inventario de la Diputación de Sevilla como obra anónima del siglo XVIII. De 103 cm de altura, se detalla que presenta rotos, grietas y abundante perdida de policromía. Está representado en su habitual iconografía, de pie, vistiendo el hábito franciscano y sosteniendo entre sus brazos al Niño Jesús (fig. 53).

Igualmente, se citan «en la nave norte» de la iglesia, es decir la correspondiente al lado del evangelio, un altar «de muy mal gusto» presidido por una Virgen con la advocación de la Esperanza y su Niño, de escultura, ambas adornadas con alhajas y

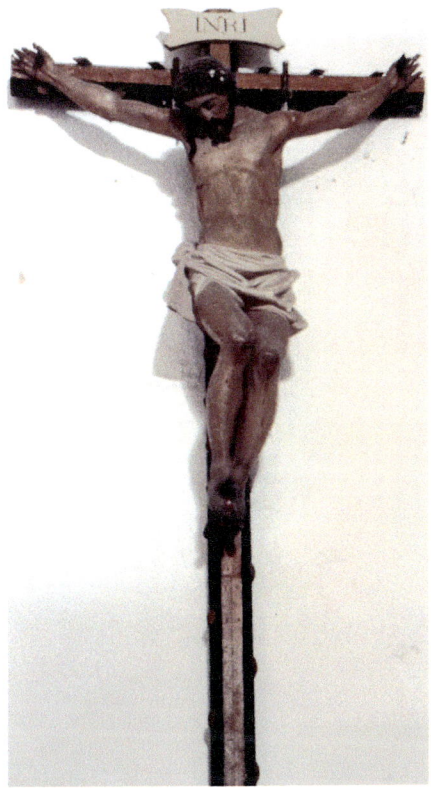

Figura 52. Anónimo. *Crucificado de las Penas*

Figura 53. Anónimo. *San Antonio de Padua con el Niño*

Figura 54. Anónimo. Virgen
de candelero

Figura 55. Anónimo. *Nuestra Señora
de la Esperanza*

ropajes. La Virgen portaba un ancla, símbolo de su advocación. Recordemos que en 1679 se refiere la existencia en la iglesia de San Lázaro de la Hermandad de Nuestra Señora de la Esperanza. En el Inventario de la Diputación se relacionó con la imagen de candelero anónima del siglo XVIII, la cual solo tiene tallada completa la cabeza, manos y pies, siendo el resto un maniquí articulado (fig. 54).

En dicho Inventario se catalogó como obra anónima del siglo XIX otra escultura de la Virgen con la advocación *de Nuestra Señora de la Esperanza*, situada en la capilla bautismal de la iglesia. Se trata de un grupo escultórico de la Virgen con el Niño Jesús sentado sobre la bola del mundo que se apoya a su vez sobre una columna de nubes. El ancla, atributo de esta advocación hoy inexistente, pudo colgar de la mano derecha de María, como delata disposición de sus dedos (fig. 55).

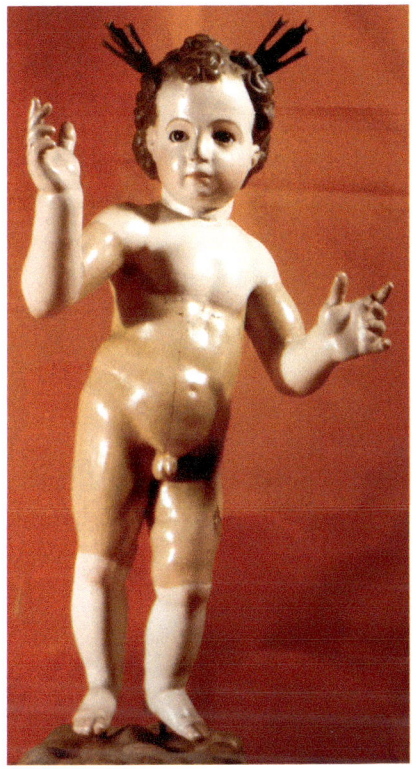

Figura 56. Anónimo. *Niño Jesús*

Figura 57. Anónimo. *Niño Jesús*

Del referido altar puede proceder alguno de los dos Niños Jesús igualmente citados en el Inventario y catalogados ambos como obras anónimas, una de mediados de siglo XVIII y otra del siglo XIX (figs. 56 y 57). Son pequeñas tallas en madera policromada que han sido repintadas, y cuya iconografía recrea los prototipos del Niños bendiciendo que inaugurara en el siglo XVI Jerónimo Hernández y consolidará Martínez Montañés en el XVII. Ambas esculturas de vestir, aunque totalmente anatomizadas, son ejemplo de las numerosas imágenes que se prodigaron a lo largo del tiempo debido a la gran devoción que alcanzó este modelo de Jesús en actitud de bendecir.

De época fundacional del Hospital se hace remontar la creación de una hermandad dedicada a san Blas en la que eran recibidos los enfermos y todo el personal del lazareto, incluido el propio mayoral, y en la que también se suscribieron «personas de la mayor distinción». Collantes cuando escribe en 1884 sobre el Hospital refiere la existencia en el pasado de una imagen de san Blas, «he oído que la imagen de san Blas que estaba pintada en tabla fue secuestrada por los franceses», añadiendo que su estilo le «recuerda la

Figura 58. Anónimo. *San Blas*

escuela de Berruguete». En la relación de pinturas depositadas por los franceses en el Alcázar en 1810 no consta sin embargo, ninguna pintura con esta advocación. En el Inventario de la Diputación de Sevilla se catalogó una escultura de *San Blas*, situada sobre una peana neogótica en la cabecera de la nave de la epístola del templo, obra de modesta factura fechable en el siglo XIX, que quizás vino a sustituir a la original (fig. 58).

También fue inventariada en la iglesia una pequeña talla en madera policromada de la *Inmaculada* como obra anónima dieciochesca, situada sobre la bola del mundo con tres cabezas de querubines y la media luna (fig. 59).

En el anteriormente mencionado inventario del año 1812 se hace relación de la existencia de una serie de pinturas en la iglesia y en otras dependencias del Hospital, como los «cuadros de adorno en la capilla mayor» de san Francisco de Paula, san Francisco de Así, san Pablo y san Mateo; «tres cuadros, del Nacimiento, muy grande, de las Tres Caídas, algo menor, y de San Juan Nepomuceno», además de «tres cuadros al óleo del Bautismo de Cristo, endeble, Milagro de los panes y los peces y un Salvador bendiciendo». También refiere un altar dedicado a santa Ana con una pintura de la santa, en los intercolumnios san Juan Nepomuceno y san José «de varro» y vestido, y en el banco un san Diego también de barro y estofado. De este conjunto de obras no se poseen otras reseñas posteriores.

Collantes señaló que cuando en 1864 se realizaban obras en la iglesia se hallaron, en la zona próxima al púlpito pinturas murales con la representación de «la resurrección de San Lázaro en el momento que sale de la tumba», calificándolas de notable por la corrección de su dibujo y el repartimiento de las vestiduras. Las fechas «finales del XIII o lo más del XIV», datación que no se sostiene pues en esas fechas aún no había sido edificado el templo. También refiere la existencia de otros vestigios de pintura mural decorativa de «muy mal gusto» y que finalmente, toda las pinturas murales fueron encalas.

También señala el inventario de 1812 la existencia en la enfermería alta de los hombres un altar «que estuvo en la iglesia en el lugar del Santísimo Sacramento, muy antiguo que parece de la época de la fundación del Hospital, con su lienzo del Señor en medio y a los lados la Santísima Trinidad y la Purísima, pintados en tablas, con un sagrario sobre la mesa del altar con dos pinturas sobre cobre antiguas, un Señor Crucificado, la Virgen y San Juan y por dentro San Francisco de Paula». Al pie del inventario se anota un recibo de entrega de fecha 22 de noviembre de 1814 firmado por fray Cristóbal Hermosín, religioso mínimo del colegio de San Francisco de Paula de Sevilla, quien recibe «el sagrario situado en esta enfermería». De esta serie de obras no se vuelve a tener noticia.

Igualmente, en esta sala de enfermería se indica otro altar con «san Fernando pintado, las Santas Justa y Rufina a los lados pintadas sobre tablas, algo desconchadas que parecen de la fundación del hospital». Otro cuadro dedicado a san Fernando se cita en la sala de la clavería o archivo del Hospital, que pudiera corresponder con el *San Fernando* catalogado en la Diputación de Sevilla como obra anónima del siglo XIX (fig. 60). Se trata de una débil copia del original pintado por Murillo hacia 1672 existente en la catedral de Sevilla, y cuyo tipo iconográfico alcanzó gran éxito y popularidad, sirviendo de modelo de numerosas copias como esta modesta que nos ocupa. El santo rey está representado de medio cuerpo revestido con coraza y amplia capa de armiño, con corona y halo de santidad, sosteniendo con la mano derecha la espada que le acredita como

Figura 59. Anónimo. *Inmaculada*

99

Figura 60. Anónimo. *San Fernando*

conquistador y con la izquierda la bola del mundo, símbolo de su reino cristiano. La presencia de la imagen de san Fernando en el Hospital queda justificada por ser considerado el fundador del lazareto sevillano.

De la serie de pinturas procedentes del Hospital de San Lázaro inventariadas por la Diputación de Sevilla comentamos aquellas que presentan una mayor interés y calidad artística, como es el pequeño óleo de la *Virgen orando*, catalogada como obra anónima de la segunda mitad del siglo XVII que sigue el modelo de esta iconografía realizada por el pintor italiano Giovanni Battista Salvati Sassoferrato (fig. 61). Se trata de una copia de la iconografía de la Virgen en oración creada por este pintor barroco, prototipo que alcanzó un gran auge devocional con numerosas copias tanto en su época como en siglo posteriores y que venían a repetir de manera más o menos fielmente esta amable presencia de María.

Dos pequeñas pinturas decimonónicas de modesta factura y que forman pareja son *San Juan bautista niño dormido* (fig. 62) y *Niño Jesús dormido* (fig. 63).

Figura 61. Anónimo. *Virgen en oración*

Ambas recrean los modelos barrocos que plasmaban estas dormiciones infantiles llenas de simbolismo evangélico y que alcanzaron gran éxito y difusión y que fueron copiadas hasta la saciedad en multitud de pinturas y estampas. San Juanito se sitúa al aire libre recostado sobre una roca, acompañado de sus habituales símbolos, el codero y la cruz con filacteria con la inscripción del «Agnus Dei». El Niño Jesús duerme sobre una sábana y almohadas blancas, sosteniendo la corona de espinas; en el ángulo inferior derecho aparecen tres largos clavos, elementos todos ellos alusivos a su futura pasión y muerte, iconografía que determina su consideración de Niño Jesús pasionario.

También se ha catalogada una pintura sobre tabla de *Cristo atado a la columna* como obra del siglo XVIII, integrada en un tabernáculo neobarroco moderno (figs. 64 y 65). Originalmente la pintura hubo de estar integrada en la portezuela de un sagrario, quizás del correspondiente al del retablo mayor, tratándose por tanto de un ejemplo más de este tipo de imágenes que decoraban los sagrarios habitualmente en las iglesias de Sevilla y su ámbito.

Figura 62. Anónimo. *San Juan Bautista niño dormido*

Figura 63. Anónimo. *Niño Jesús dormido*

Figura 64. Anónimo. *Cristo atado a la columna*

Figura 65. Tabernáculo

La figura de Cristo se recorta sobre un fondo oscuro fuertemente iluminada, tiene las manos atadas al fuste de una columna baja, y su rostro entre destellos mira hacia lo alto.

Mayor interés artístico presenta la pintura de *Cristo camino del Calvario*, catalogada como obra anónima de la segunda mitad del siglo XVII (fig. 66).

Se trata de una abigarrada composición barroca en la que Cristo se halla en primer término, mirando al espectador, con la rodilla izquierda caída en tierra por el peso de la cruz mientras un sayón presiona sobre él. A la izquierda se disponen la Magdalena, el Cirineo sosteniendo el extremo de la cruz, la Virgen y San Juan; en la lejanía se agolpan otras figuras, algunas a caballo. A la derecha aparece otro sayón de espaldas iniciando la subida al monte Calvario. La composición se completa con la presencia de un tronco de árbol dispuesto en diagonal en donde tres niños se han subido para contemplar la escena, y un diluido fondo de paisaje con celaje nuboso, que incluye un edificio circular alusivo a Jerusalén.

En la densa escena destacan los escorzos de los sayones con buenos estudios de sus anatomías desnudas, la expresiva mirada de Cristo, el detallismo

Figura 66. Anónimo. *Cristo camino del Calvario*

de los pormenores de la vegetación y las rocas del camino, así como el acertado fragor del tono general del episodio narrado con suaves pincelas y tonalidades que sugiere relaciones con la pintura flamenca.

En el haber patrimonio del Hospital de San Lázaro se inventarió también el lienzo de la *Virgen de Guadalupe* (fig. 67), obra de autor anónimo mexicano del siglo XVIII.

Presenta la habitual iconografía de este tema mariano, con la figura de la María en el centro de la composición, rodeada de una areola dorada con rayos luminosos, macizos de flores y cinco recuadros octogonales en los que se describen los episodios relativos a dos apariciones de la Virgen al indio Juan Diego, el milagro de la tilma y el cerro de Tepeyac. El marco dorado y tallado que enmarca la pintura es el original y por tanto de la misma fecha de ejecución que ella.

Algunas piezas de arte mueble de interés se han conservado en San Lázaro como son las puertas que desde el presbiterio de la iglesia dan acceso a la

Figura 67. Anónimo.
Virgen de Guadalupe

sacristía a la derecha y a la sala de la izquierda, y que se catalogan como obras anónimas del siglo XVII (fig. 68). Están realizadas en madera tallada y merecen ser restauradas por constituir un buen ejemplo del mobiliario original del Hospital. Están formadas por dos batientes de cuarterones que combinan rectángulos, cuadrados y cruces, cuyo diseño se ha extraído del Libro IV del tratado de arquitectura de Sebastián Serlio. Ambas se hallan enmarcadas por listeles con sencillo gallones.

También se ha catalogado una pequeña arqueta como obra igualmente del siglo XVII que pudo servir para guardar enseres litúrgicos valiosos en la sacristía o los documentos históricos del Hospital (fig. 69). Es rectangular, tallada por todos sus lados con casetones cuadrados y rectangulares, similares a los que se encuentran en las referidas puertas.

Figura 68. Puerta de la sacristía

Figura 69. Arqueta

9. Catálogo de bienes artísticos

Hacemos relación de las obras artísticas que, procedentes del Hospital de San Lázaro, constan inventariadas en tres catálogos realizados en 1975-1976, 1990 y 2005-2006, y que obran en el Archivo de la Diputación Provincial de Sevilla.

PINTURA

Juan Chacón
Coronación de espinas
1553
Óleo sobre tabla
43,5 × 62 cm
Iglesia del Hospital de
San Lázaro, retablo mayor, lado
derecho del banco
Bibliografía: López Martínez
1929, pp. 171-172

Juan Chacón
Jesús con la cruz a cuestas
1553
Óleo sobre tabla
43,4 × 63 cm
Iglesia del Hospital de
San Lázaro, retablo mayor, lado
izquierdo del banco
Bibliografía: López Martínez
1929, pp. 171-172

Pedro de Villegas Marmolejo
Resurrección de Lázaro
1553
Óleo sobre tabla
100 × 62 cm
Iglesia del Hospital de San Lázaro,
retablo mayor, lado izquierdo del
cuerpo inferior
Bibliografía: López Martínez 1929,
pp. 171-172

Pedro de Villegas Marmolejo
Degollación de san Lázaro
1553
Óleo sobre tabla
100 × 62 cm
Iglesia del Hospital de San Lázaro,
retablo mayor, lado derecho del cuerpo
superior
Bibliografía: López Martínez 1929,
pp. 171-172

Pedro de Villegas Marmolejo
Noli me tangere
1553
Óleo sobre tabla
100 × 62 cm
Iglesia del Hospital de San Lázaro,
retablo mayor, lado izquierdo del
cuerpo superior
Bibliografía: López Martínez 1929,
pp. 171-172

Pedro de Villegas Marmolejo
Magdalena penitente
1553
Óleo sobre tabla
100 × 62 cm
Iglesia del Hospital de San Lázaro,
retablo mayor, lado derecho del cuerpo
inferior
Bibliografía: López Martínez 1929,
pp. 171-172

Anónimo
Cristo atado a la columna
Principios del siglo XVIII
Óleo sobre tabla
31 × 17,5 cm
Forma parte de la puerta de un
sagrario moderno

Copia anónima de la pintura de Giovanni
Battista Salvi Sassoferrato
Virgen en oración
Óleo sobre lienzo
48 × 38,6 cm
Inscripción en el dorso del bastidor, a
bolígrafo, «GIOVANNI BATTISTA SALVI.
SASSOFERRATO. 1605-1685. LA VIRGEN
ORANDO. Siglo XVII»

Anónimo
Cristo camino del calvario
Segunda mitad del siglo XVII
Óleo sobre lienzo
230 × 182 cm

Anónimo
Virgen de la leche
Segunda mitad del siglo XVII
Óleo sobre lienzo
127,5 × 103 cm

Anónimo
Santo Tomás de Aquino
Siglo XVII
Óleo sobre lienzo
85 × 70 cm

Anónimo
Virgen de Guadalupe
Siglo XVIII
Óleo sobre lienzo
205 × 139 cm

Anónimo
La Sagrada Familia en el taller de Nazaret
Siglo XVIII
Óleo sobre lienzo
69 × 93 cm

Anónimo
San Juan Bautista niño dormido
Siglo XIX
Óleo sobre lienzo
44 × 60 cm

Anónimo
Niño Jesús pasionario
Siglo XIX
Óleo sobre lienzo
44 × 60 cm

Anónimo
San Fernando
Siglo XIX
Óleo sobre lienzo
123 × 96 cm

Anónimo
San José con el Niño
Siglo XIX
Óleo sobre lienzo
82,5 × 62 cm

Anónimo
Santa María Magdalena
Siglo XIX
Óleo sobre lienzo
81 × 61,5 cm

Anónimo
San Cayetano con el Niño Jesús
Siglo XIX
Óleo sobre lienzo
81,5 × 62 cm

Anónimo
Beato Perbeyre
Segunda mitad del siglo XIX
Óleo sobre lienzo
250 × 167 cm

Anónimo
Aparición de la Virgen de la Medalla Milagrosa
Finales del siglo XIX
Óleo sobre lienzo
250 × 167 cm

RETABLO. ESCULTURA. MOBILIARIO

Anónimo
Retablo mayor
Siglo XVIII
Madera tallada y dorada
6 m de alto × 3,56 m de ancho
Iglesia del Hospital de San Lázaro,
presbiterio

Anónimo
San José con el Niño
Primer tercio del siglo XVIII
Madera tallada, dorada y
policromada
Iglesia del Hospital de
San Lázaro, calle central del
retablo mayor

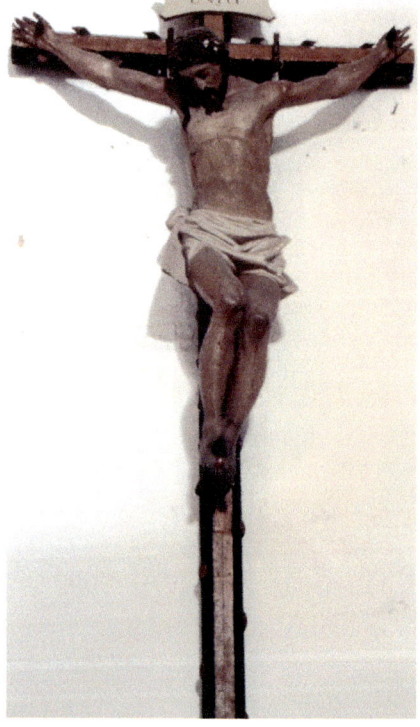

Anónimo
Cristo crucificado
Siglo XVIII
Cartón piedra policromado
Iglesia del Hospital de San Lázaro, ático
del retablo mayor

Anónimo
Crucificado de las Penas
Finales del siglo XVII-principios
del XVII
Madera tallada y policromada
116 cm

Anónimo
Frontal de altar
Siglo XIX
Madera tallada y pintada
295 × 100 cm
Iglesia del Hospital de San Lázaro, presbiterio

Roque Balduque (atribución)
San Lázaro obispo
Hacia 1555
Madera tallada, estofada y
policromada
76,5 cm

Anónimo
San Lázaro
Siglo XVIII
Madera tallada y policromada
105 cm

Anónimo
Inmaculada
Madera tallada, dorada, estofada y
policromada
28 cm

Anónimo
Virgen de candelero
Finales del siglo XVIII
Madera tallada y policromada
80 cm

Anónimo
San Antonio de Padua con el Niño
Siglo XVIII
Madera tallada y policromada
103 cm

Anónimo
Niño Jesús
Siglo XVIII
Madera tallada y policromada
56 cm

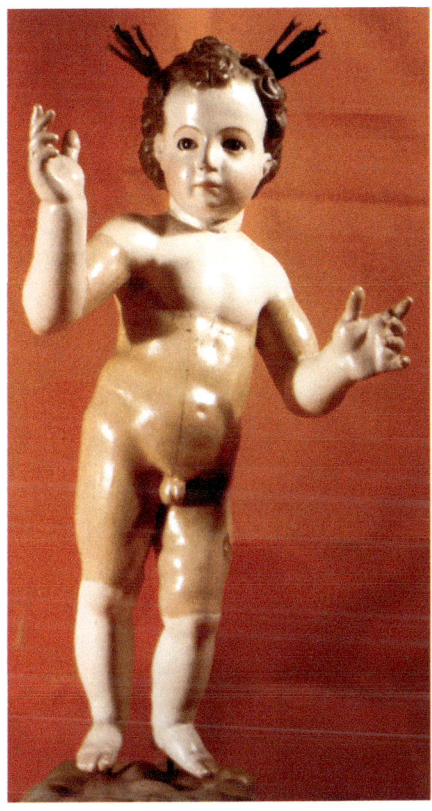

Anónimo
Niño Jesús
Siglo XIX
Madera tallada y policromada
33 cm

Anónimo
Virgen de la Esperanza
Siglo XIX
Madera tallada y policromada
164 cm

Anónimo
San Blas
Siglo XIX
Madera tallada y policromada
120 cm

Anónimo
San Ignacio de Loyola
Siglo XIX
Escayola modelada y tela encolada
73 cm

Anónimo
San Vicente de Paúl
Finales del siglo XIX
Madera y papelón tallado y policromado
97 cm

Anónimo
Santa Luisa de Marillac
Siglo XIX
Madera tallada y policromada
120 cm

Anónimo
Sagrado Corazón de Jesús
Siglo XX
Madera tallada y policromada
160 cm

Anónimo
Virgen de Fátima
Siglo XX
Yesos modelado y pintado
40 cm

Anónimo
Sagrario
Siglo XX
Madera tallada dorada y policromada
85 × 60 × 35 cm

José Gil
Manifestador
Siglo XX
Madera tallada torada y policromada
93 × 55 × 29 cm

Anónimo
Puertas (dos ejemplares)
Siglo XVII
Madera tallada y barnizada
220 × 160 cm
Iglesia del Hospital de
San Lázaro, presbiterio

Anónimo
Arqueta
Siglo XVII
Madera tallada dorada y pintada
34 × 54 35 cm

ORFEBRERÍA. METALISTERÍA. FUNDICIÓN

Púlpito
Anónimo
Siglo XVII
Hierro forjado
291 × 113 cm
Hospital de San Lázaro, iglesia

Anónimo
Ostensorio
Siglo XVII
Plata dorada, burilada y repujada
57 cm

Anónimo
Cáliz
Siglo XVII
Plata torneada y cincelada
24 cm

Anónimo
Cáliz
Siglo XVII
Plata dorada repujada y burilada
26 cm

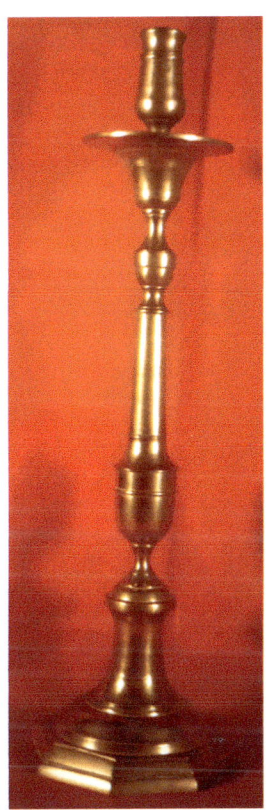

V. Caro
Relicario
Siglo XVIII
Plata repujada y burilada
22,5 cm

Anónimo
Cruz de altar
Siglo XIX
Metal plateado
repujado y troquelado
54,5 cm

Anónimo
Cruz de altar
Siglo XIX
Metal plateado troquelado y
repujado
44 cm

Anónimo
Cruz procesional
Siglo XIX
Bronce dorado troquelado
76 cm

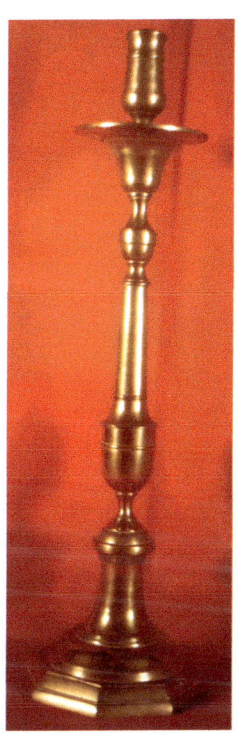

Anónimo
Candeleros
Siglo XIX
Metal plateado troquelado
29,5 cm
Cuatro ejemplares

Anónimo
Candeleros
Siglo XIX
Bronce troquelado
51,5 cm
Cuatro ejemplares

Anónimo
Candeleros
Siglo XIX
Metal repujado y troquelado
64,5 cm
Seis ejemplares

Anónimo
Candeleros
Siglo XIX
Metal plateado troquelado y repujado
51 cm
Seis ejemplares

Anónimo
Sacras
Siglo XIX
Metal plateado troquelado
44 × 31 cm

Anónimo
Sacras
Siglo XIX
Metal plateado y troquelado
34 × 16 cm
Dos ejemplares

Anónimo
Cáliz
Siglo XX
Plata labrada
23 cm
Inscripción en la peana: «Donó
diócesis Pamplona 1939»

Anónimo
Copón
Siglo XX
Metal plateado repujado
28 cm

Anónimo
Copón
Siglo XX
Metal plateado torneado
21 cm

Anónimo
Relicario
Siglo XX
Bronce dorado troquelado
20 cm

Gabella.Baeza
Sagrario
1964
Plata repujada
94 × 60 × 53 cm
Estuvo en el retablo mayor

Gabella Baeza
Manifestador
1964
Plata repujada
82 × 50 × 34 cm

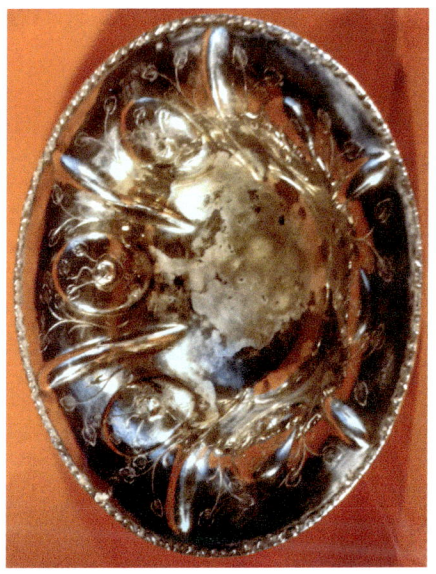

Anónimo
Aguamanil
Siglo XX
Plata repujada y burilada
21 cm

Anónimo
Jofaina
Siglo XX
Plata repujada y burilada
28 cm

Anónimo
Jofaina
Siglo XX
Metal plateado troquelado y repujado
26 cm

Anónimo
Jarra
Siglo XX
Metal plateado troquelado y
repujado
26 cm

Anónimo
Florero
Siglo XX
Metal plateado y cincelado
28 cm
Dos ejemplares

Anónimo
Florero
Siglo XX
Metal troquelado y cincelado
30 cm
Seis ejemplares

Anónimo
Florero
Siglo XX
Metal cincelado
63 cm
Dos ejemplares

Anónimo
Atril
Siglo XX
Metal plateado troquelado
23 × 23 cm

Anónimo
Campana
1612
Bronce fundido
57 cm de alto × 55 cm de diámetro de la base
Leyenda: «IHS. STA. MARÍA ORA PRO NOBIS»

Anónimo
Campana
1763
Bronce fundido
35 cm de alto × 31 cm de diámetro de la base
Leyenda: «SANTA MARÍA DE LOS REYES ORA PRO NOBIS. SE IZO SIENDO MAYORDOMO DE ESTA CASA D. DIEGO DE TORRES PAIBA Y ARBANEL»

Francisco Fernández
Campana
1797
Bronce fundido
72 cm de alto × 65 cm diámetro de la base
Inscripción: «CONSOLAATRIX AFRITORUM ORA PRO NO. LA FUNDIO FRANCO FERNANZ. SEVILLA. ANNO DE 1797»

CERÁMICA

Fernán Martín Guijarro
(atribución)
Pila bautismal
Entre 1476 y 1525
Pedestal 1907
Cerámica tallada y vidriada
Altura total de 106 cm; fuste
42 cm; taza 52 cm alto × 3 m de
circunferencia
Inscripción en el pedestal:
«Pila Bautismal. Fabricación
trianera. Siglo XV-XVI. Procede
del Hospital de San Lázaro.
Depositada por la Excelentísima
Diputación provincial en
MCMVII».
Sevilla, Museo Arqueológico
No consta catalogado en los
inventarios de la Diputación de
Sevilla

Anónimo (taller trianero)
Azulejos de cuenca o de arista,
decoración tipo tetralobulado
Siglo XVI
Barro cocido, vidriado, pintado a mano
y estampillado
13 × 13 cm
180 azulejos enteros y 25 fragmentos
Compone un zócalo de 52 cm de alto
Iglesia del Hospital de San Lázaro,
presbiterio

Anónimo (taller trianero)
Azulejos de cuenca o arista, decoración
tipo hojas en cuadrado
Siglo XVI
Barro cocido, vidriado, pintado a mano
y estampillado
13 × 13 cm
71 azulejos y 10 fragmentos
Iglesia del Hospital de San Lázaro,
escalera del presbiterio

Anónimo (taller trianero)
Azulejos de cuenca o arista
Siglo XVI
Barro cocido, vidriado, pintado a mano
y estampillado
13 × 13 cm
66 azulejos enteros y 20 fragmentos
Escalera del presbiterio de la iglesia

Anónimo (taller trianero)
Escudo Real de España
1761
Azulejos de barro cocido, vidriado y
pintado a mano
104 × 78 cm
Formado por 48 azulejos de 13 × 13 cm
Inscripción inferior: «SIENDO
MAYORAL EL SR. D. DIEGO DE/
TORRES MAIGAN 24 DE SEVILLA. A.
DE 1761»
Hospital de San Lázaro, sobre la puerta
de entrada de la fachada principal

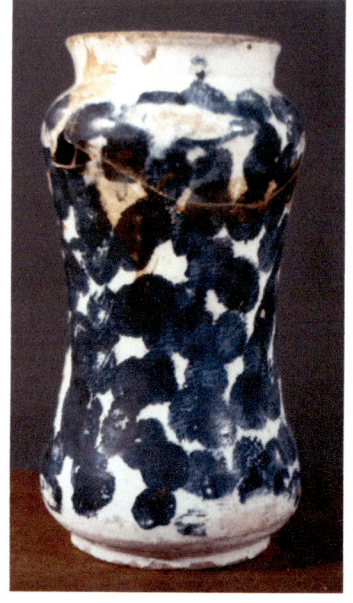

Anónimo (taller trianero)
San Lázaro leproso
Segunda mitad del siglo XVIII
Barro cocido, vidriado y pintado a mano
89 × 76 cm
Formado por 42 azulejos de 13 × 13 cm
Iglesia del Hospital de San Lázaro, sobre la
puerta principal

Anónimo (taller trianero)
Tarro de farmacia
Siglo XVIII
Barro cocido, vidriado y
pintado a mano
24 cm de alto × 10 cm
diámetro de la base

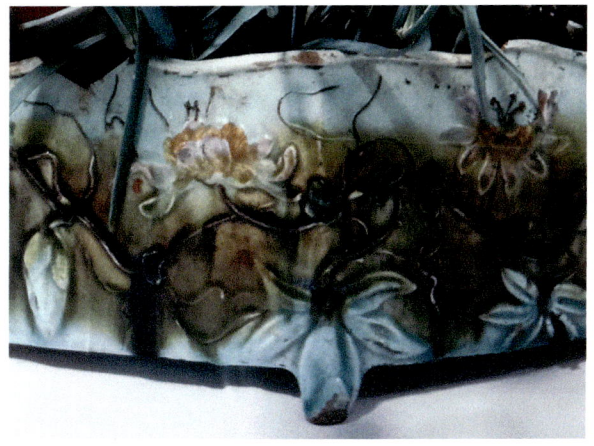

Anónimo
Florero
Primer tercio del siglo XX
Modernista
Barro cocido a molde, vidriado y policromado
13 × 34 cm

10. Cronología

Hacemos relación cronológica de las referencias documentales, con anotación bibliográfica, relativa al devenir histórico y artístico del Real Hospital de San Lázaro.

Abreviaturas utilizadas en la cita de los archivos referenciados:

AAMC   Archivo de la Academia de Medicina de Cádiz
AAMS   Archivo de la Academia de Medicina de Sevilla
ADPS   Archivo de la Diputación Provincial de Sevilla
AGP   Archivo General de Palacio
AGS   Archivo General de Simancas
AHPS   Archivo Histórico Provincial de Sevilla
AIMS   Archivo Intermedio Militar Sur
BCC   Biblioteca Capitular y Colombina

1253	*Repartimiento de Sevilla.* Primera mención de la Huerta y Carrera de San Lázaro. González 1951, pp. 202, 225.
1334, junio, 13	*Provisión del Rey Alfonso XI sobre los enfermos de esta Casa*, [es traslado dado en Sevilla el 19 de mayo de 1574 por el escribano Diego de la Barrera Farfán]. Primera referencia documental al Hospital; inserta una provisión con el extracto de la carta que Alfonso X envía a su hijo Sancho IV el 22 de agosto de 1284, y otra de Fernando IV de 10 de junio de 1302. ADPS, *Hospital de San Lázaro*, legajo 1; Moreno Toral 1997, II, Apéndice I, pp. 241-243.
1393, diciembre, 31	Privilegio de Enrique III dado en Madrid, confirmando los privilegios contenidos en la Provisión de 1334. Es el documento original más antiguo conservado de San Lázaro. ADPS, *Hospital de San Lázaro*, legajo 1; Collantes 1884, p. 29.

1393	Ordenanza [traslado de 1494] de Enrique III, que menciona las «Casas de cada enfermo» y la capilla del Hospital. ADPS, *Hospital de San Lázaro*, legajo 4.
1456, junio, 4	*Sumario de Indulgencias concedidas por varios pontífices a todos los fieles que diesen treinta y seis maravedíes de limosna a este hospital.* Bulas otorgadas por los papas Benedicto XIII y Martín V. ADPS, *Hospital de San Lázaro*, legajo 2.
1508, junio, 14	Provisión de la reina Dª Juan para que Sevilla page anualmente mil maravedíes al Hospital, para atender al reparo de la «alcobilla» y dos pilones, inmediatos al lazareto, en donde se abastecían de agua los viajeros y sus caballerías. ADPS, *Hospital de San Lázaro*, legajo 1; Collantes 1884, pp. 23 y 32.
1514, diciembre, 3	Provisión de la reina Dª Juana, dada en Valladolid, autorizando la construcción de una calera, a petición del mayoral y enfermos del Hospital de San Lázaro, a fin de realizar reparos de la casa. ADPS, *Hospital de San Lázaro*, legajo 1; Vilaplana 2017, II, pp. 12-13, anexo II.
1515, julio, 31	Cédula de la reina Dª Juana, dada en Burgos, para que nadie reclame los bienes de los enfermos fallecidos en el Hospital, por pertenecer dichos bienes al lazareto. Collantes 1884, p. 33.
1518, febrero, 18	El mayoral Juan Barba Cabeza de Vaca contrata con el pintor Bartolomé de Mesa labores de pintura en la iglesia. Hernández Díaz 1933, pp. 86-88.
1526, marzo, 3	Recibimiento que se hizo en San Lázaro a la princesa Isabel de Portugal, antes de su entrada en Sevilla para sus esponsales con Carlos I, quien llegaría una semana después, el 10 de marzo. BCC, Manuscrito 57-1-12.
1553, julio, 17	El mayoral del Hospital, Antonio Bélez de Alçocer, contrata con Pedro de Villegas Marmolejo y Juan Chacón el dorado y las pinturas del retablo mayor de la iglesia. López Martínez 1929, pp. 171-172.

1564, agosto, 17	Se pregona en la plaza de San Francisco de Sevilla la puja a la baja para contratar la ejecución de la cruz de término de San Lázaro, que se adjudicó por ochenta ducados a Diego de Alcaraz quien firma el contrato el 25 de agosto actuando como su fiador Hernán Ruiz II, autor del diseño de dicho humilladero y quien en su testamento de 20 de abril de 1569 otorgar limosna de cinco maravedíes al lazareto. López Martínez 1929, pp. 133-134, 138.
1585, enero, 12	Visita, descripción y tasación del Hospital por los alarifes Alonso Tiscarrenno y Juan Felipe para determinar su posible reducción. ADPS, *Hospital de San Lázaro*, legajo 30; Moreno Toral 1997, II, Apéndice III, pp. 270-274; Vilaplana 2017, II, anexo III.
1590, agosto, 9	Provisión del Felipe II, dada en Madrid, y expediente de las obras y reparos en la «Casa de San Lázaro», efectuados entre 1590 y 1592. ADPS, *Hospital de San Lázaro*, legajo 3; Vilaplana 2017, II, anexo IV.
1603, mayo, 19	*Libro de Constituciones de este Real Hospital del Señor San Lázaro extramuros de Sevilla* [es traslado que copia la *Reglas de Hospital de S. Lázaro de Sevilla,* concedidas por Enrique III]; sus cincuenta y seis títulos fijan los cargos, funciones de la administración y gobierno del Hospital, derechos y obligaciones de los enfermos y servidores. Moreno Toral 1997, apéndice II, pp. 207-237.
1647, diciembre, 9	Cédula otorgada por Felipe IV concediendo privilegio para usar carnicería y ventorrillo en el Hospital. Collantes 1883, p. 37.
1648	*Libro de Protocolo del Real Hospital de San Lázaro,* firmado por Juan Capilla un enfermo que reunía los cargos de asesor y clavero de la Casa. Mestre 2014, p. 379.
1652, agosto, 30	Provisión del Consejo Real para que Sevilla page al Hospital lo que le adeuda por la obra que tuvo que hacerse a consecuencia de la estancia de los convalecientes de la epidemia de 1649. ADPS, *Hospital de San Lázaro*, legajo 4; Collantes 1884, p. 37; Vilaplana 2017, II, anexo V.

1682-1683	*Comisión dada su magestad...al señor don justinio de neve y chaves... para la visita de la casa y hospital del señor san lazaro*; contiene la descripción realizada por Juan Domínguez, albañil y Juan García, carpintero. AGS, PE 00313 en Vilaplana 2017, II, anexo VI.
1684-1686	*Vissita de la Real Cassa Ospital del Señor San Lazaro extramuros desta ziudad* su autor Luis Federigui; Joseph García, albañil y Juan M. Bermudo, carpintero descripción del estado; contiene plano del Hospital, el más antiguo conocido hasta ahora. AGS, PE 00314; AGS Mapas, planos y Dibujo 68.073, en Vilaplana 2027, II, Anexo VII.
1716, junio, 20	Copia del *Auto definitivo dictado por Don Pedro Ruiz de Villadiego...* de la visita al Hospital sobre unas obras realizadas. ADPS, *Hospital de San Lázaro*, legajo 2-bis; Moreno Toral 1997, II, apéndice IV, pp. 243-250.
Hacia 1760-1765	Planta del Hospital de San Lázaro, atribuida a Sebastián Van der Borcht. En 1765 una carta del médico del lazareto Bonifacio Ximénez de Lorite menciona dicho «nuevo plano» AAMS, legajo 1765, en Vilaplana 2017, II, anexo VIII.
1812	*Inventario de los muebles, alhajas y efectos del Real Hospital de San Lázaro de Sevilla*. Anónimo, atribuido a José María Murta Donaire y Figueroa. ADPS, *Hospital de San Lázaro*, legaje 25; Moreno Toral 1997; Vilaplana 2017, II, anexo IX.
1814, noviembre, 12	*Noticia Razonada sobre el Real Hospital de San Lázaro. Año 1814*, redactado por el capellán del Hospital José María Murta Donaire y Figueroa. ADPS, *Hospital de San Lázaro*, legajo 4; Vilaplana 2017, II, anexo X.
1821, marzo, 8	Informe de la visita de varios médicos al Hospital, refiriendo que tan solo quedan enfermos incurables, siendo devueltos los demás a sus casas. ADPS, *Hospital de San Lázaro*, legajo 51.
1829	*Memorial histórico-descriptivo del Real Hospital de San Lázaro*, por el doctor Nicolás Moreno. ARAMC, Legajo XII-21, Ruiz Vega 2014.

1854	*Memoria de la Hospitalidad Provincial de Sevilla años 1860, 1861, 1862*; creación de la Junta de Beneficencia a la que pasa a pertenecer San Lázaro. ADPS, *Junta de Beneficencia*, legajo 41A; Moreno Toral 1997.
1855, noviembre, 24	*Reglamento del Hospital de San Lázaro de Sevilla.* Moreno Toral 1997, II, Apéndice V, pp. 251-259.
1860	Proyecto del arquitecto José de la Coba para rehabilitación de la zona renacentista del Hospital. ADPS, *Junta de Beneficencia*, legajo 41A, en Vilaplana 2027, anexo XI.
1861	Proyecto de reparación del departamento de varones y ejecución de uno para mujeres, atribuido a Balbino Marrón. ADPS, *Junta de Beneficencia*, legajo 56, en Vilaplana 2017, II, anexo XII.
1863-1864	Expediente de contratación, en pública subasta, de la ejecución de las referidas obras de 1861, bajo la dirección de Balbino Marrón; el departamento de mujeres no se llevó a efecto. Se puso una nueva cubierta en la iglesia. ADPS, *Junta de Beneficencia*, legajo 38; Linares 2016, pp. 80-83; Vilaplana 2017, II, anexo XIII.
1868, diciembre, 17	Decreto del Ministerio de la Gobernación por el que la Diputación Provincial de Sevilla asume la gestión y administración de los centros de beneficencia, en los que se incluye San Lázaro.
1890	Dibujo de la planta baja del Hospital, realizado por Manuel de la Vega y Antonio Padura. ADPS, Mapas, planos y dibujos, 394.
1827	«Reconstrucción de la galería de entrada» [la galería neomudéjar del patio de acceso]. ADPS, Archivo General, legajo 542.
1927	*Fijación de línea que ha de ocupar la construcción que se proyecta de almacenes y garajes en terrenos del Hospital de San Lázaro.* AHPS, sig. 545/1927.
1931	Rehabilitación de San Lázaro y construcción de un pabellón aislado para tuberculosos. ADPS, Archivo General, legajo 542.

1933	Segunda fase de rehabilitación del Hospital como sanatorio antituberculoso, bajo la dirección de los arquitectos Rafael Arévalo Carrasco y Gabriel Lupiáñez Gely. ADPS, Archivo General, legajo 542.
1944	Expediente de traslado de los enfermos varones a le leprosería Nacional de Trillo. ADPS, Archivo General, legajo 429.
1951	Tras la muerte en el Hospital de las últimas leprosas, habilitación de su pabellón para enfermas tuberculosas, bajo la dirección del arquitecto Rafael Arévalo Carrasco. ADPS, Archivo General, legajo 110.
1964	Dibujo de la planta baja del Hospital (atribuido a Rafael Arévalo Carrasco), convertido en sanatorio antituberculoso. ADPS, Archivo General, legajo 2178.
1964, agosto, 27	Decreto de declaración del Hospital de San Lázaro como Monumento Histórico-Artístico.
1979	Construcción de la segunda galería en el patio de entrada, con proyecto de Álvaro Gómez de Terreros y José Luis García López. ADPS, Archivo General, legajo 740.
1985, junio, 25	En aplicación de la Ley 16/1985 del Patrimonio Histórico Español, San Lázaro es incluido en la categoría de Bien de Interés Cultural (BIC).

11. Índice onomástico

Relación alfabética de los nombres de personas históricamente citadas o relacionadas con Hospital de San Lázaro, con indicación entre paréntesis de las fechas.

12. Fuentes y bibliografía

Álvarez Benavides y López, Manuel (1868): *Explicación del plano de Sevilla. Reseña histórico descriptiva de todas las puertas, calles, plazas, edificios notables y monumentos de la ciudad*, 2 tomos. Sevilla: Imprenta de A. Izquierdo.

Angulo, Diego (1932): *Arquitectura mudéjar sevillana de los siglos XIII, XIV y XV*. Sevilla: Universidad.

Arana de Varflora, Fermín (1789): *Compendio histórico descriptivo de la mui noble y mui leal ciudad de Sevilla, metrópoli ínclita de Andalucía, recopilado de los mejores autores que de dicha ciudad tratan.* Sevilla: Imprenta de Manuel Nicolás Vázquez.

Arévalo Rodríguez, Federico y Fernando Vilaplana Villajos (2014): «Datación del supuesto patio mudéjar del Hospital de San Lázaro de Sevilla. Ejemplo del aporte de la disciplina arquitectónica en un estudio patrimonial interdisciplinar», *Revista PH Investigación*, 2.

Barriga Guillén, Carmen, Antonia Heredia Herrera, Reyes Siles Saturnino y Concepción Tenorio Iglesias (2018): *Hospitales y centros benéficos sevillanos. Inventarios de sus fondos documentales.* Sevilla: Diputación Provincial.

Bermejo y Carballo, José (1882): *Glorias religiosas de Sevilla o noticia histórico-descriptiva de todas las cofradías de penitencia, sangre y luz fundadas en esta ciudad.* Sevilla: Imprenta y Librería del Salvador.

Borrego Pla, María del Carmen (1990): «El Hospital de San Lázaro de Sevilla y su proyección indiana», en Torres Ramírez, Bibiano (coord.): *La influencia andaluza en los núcleos urbanos, Actas de la VII Jornadas de Andalucía y América*. Huelva, I, 163-196.

Broduard Uriarte, José Luis (1972): «Hospitales, casas de San Lázaro, de San Antón y de los Inocentes en la España del siglo XV», *Asclepio*, 24, 421.

Carande y Thovar, Ramón y Juan de Mata Carriazo y Aroquia (dirs.) (2007): *Tumbo de los Reyes Católicos del Concejo de Sevilla*. Sevilla: Fundación Ramón Areces.

Carmona García, Juan Ignacio (1979): *El sistema de hospitalidad pública en la Sevilla del Antiguo Régimen*. Sevilla: Diputación Provincial.

Carmona García, Juan Ignacio (1980): *Los hospitales en la Sevilla moderna*. Sevilla: Diputación Provincial.

Caro, Rodrigo (1634) [1998]: *Antigüedades, y principado de la ilustrissima ciudad de Sevilla y chorographia de su convento iuridico, o antigua chancillería.* Sevilla: Alfar.

Carrero Rodríguez, Juan (1984): *Anales de las cofradías de Sevilla*. Sevilla: Hermandad y Cofradía de Nazarenos de Nuestro Padre Jesús de las Penas y María Santísima de los Dolores.

Ceán Bermúdez, Juan Agustín (1800): *Diccionario histórico de los más ilustres profesores de la Bellas Artes en España*. Madrid: en la imprenta de la viuda de Ibarra.

Collantes de Terán Caamaño, Francisco (1884): *Memorias históricas de los establecimientos de caridad de Sevilla y descripción artística de los mismos*. Sevilla: Imprenta y litografía de José María Ariza.

Collantes de Terán Delorme, Francisco (1950): «La torre y la puerta de la Macarena», *Archivo Hispalense*, volumen 13, 43, 199-207.

Collantes de Terán Delorme, Francisco y Luis Gómez Estern (1999): *Arquitectura civil sevillana*. Sevilla: Ayuntamiento, Editorial Castillejo.

Cómez Ramos, Rafael (1974): *Arquitectura alfonsí*. Sevilla: Diputación Provincial.

Cómez Ramos, Rafael (1991a): «El hospital de San Lázaro en Sevilla. De fundación medieval a edificio renacentista», *Laboratorio de Arte*, 4, 43-60.

Cómez Ramos, Rafael (1991b): «El Hospital de San Lázaro», *Aparejadores, Boletín del Colegio Oficial de Aparejadores y Arquitectos Técnicos de Sevilla*, 37, 56-60.

Cómez Ramos, Rafael (1993): *San Lázaro en Sevilla. Iconografía e Historia*, Actas VIII Congreso Nacional de Historia del Arte, Cáceres 1990. Mérida: 1993, 651-654.

Contreras Dueñas, Félix y Ramón Miguel Suárez Inclán (1983): *Historia de la lepra en España*. Madrid: s/n.

Cruz Isidoro, Fernando (1993): «José García, maestro mayor del concejo hispalense», *Laboratorio de Arte*, 6, 103-127.

Escuredo Barrado, Elena (2015): «Noticias de pintores en la Sevilla de 1526: documentación inédita de artistas ignorados», *Atrio*, 21, 8-21.

Escuredo Barrado, Elena (2019): «Juan Chacón un pintor casi desconocido en la Sevilla del siglo XVI: un recorrido por su vida y obra», *Laboratorio de Arte*, 31, 143-160.

Espinosa de los Monteros, Pablo (1630): *Segunda parte de la Historia y grandezas de la gran ciudad de Sevilla*. Sevilla: Oficina de Juan Cabrera.

Fernández Rojas, Matilde (2021): «Las pinturas del retablo mayor de la iglesia del Real Hospital de San Lázaro de Sevilla», *Accadere, Revista de Historia del Arte*, I, 87-104.

Ford, Richard (2008): *Manual para viajeros por España y lectores en casa. Andalucía*, tomo II. Madrid: Turner Publicaciones.

Gámez Casado, Manuel (2020): *El ingeniero militar Sebastián van der Borcht. De Flandes a Sevilla*. Sevilla: Diputación Provincial.

Gestoso y Pérez, José (1892) [1984]: *Sevilla monumental y artística*, tomo III. Sevilla: Monte de Piedad y Caja de Ahorros.

Gestoso y Pérez, José (1899): *Ensayo de un diccionario de los artífices que florecieron en Sevilla desde el siglo XIII al XVIII inclusive*. Sevilla: En la oficina de la Andalucía Moderna.

Gestoso y Pérez, José (1903): *Historia de los barros vidriados sevillanos desde sus orígenes hasta nuestros días*. Sevilla: Tipografía la Andalucía Moderna.

Giménez Muñoz, María del Carmen (2007): *Las instituciones sanitarias en Sevilla (1850-1900)*. Sevilla: Diputación Provincial.

Giménez Muñoz, María del Carmen (2008): *Los establecimiento benéficos más relevantes de Sevilla hasta 1849*. Sevilla: Ediciones Alfar.

Gómez Mampaso, Valentina (1996): *La unificación hospitalaria en Castilla. Su estudio a través de la Casa de San Lázaro de Sevilla*. Madrid: Universidad Pontificia de Comilla.

González, Julio (1951): *Repartimiento de Sevilla*. Madrid: Consejo Superior de Investigaciones Científicas, Escuela de Estudios Medievales.

González de León, Félix (1844): *Noticia artística, histórica y curiosa de todos los edificios públicos, sagrados y profanos de esta Muy Noble, Muy Leal, Muy Heroica e Invicta ciudad de Sevilla, y de muchas casas particulares*, tomo II. Sevilla: José Hidalgo y Compañía.

González Moreno, Joaquín (1988): «El Hospital de San Lázaro», *ABC*, Sevilla, 12 de julio, 35.

Hermosilla Molina, Antonio (1970): *Cien años de medicina sevillana: (la regia sociedad de medicina y demás ciencias, de Sevilla, en el siglo XVIII)*. Sevilla: Diputación Provincial.

Hermosilla Molina, Antonio (1989): «Los Hospitales Reales», en *Los Hospitales de Sevilla*. Sevilla: Real Academia Sevillana de Buenas Letras, 35-52.

Hernández Díaz, José (1951): *Imaginería hispalense del Bajo Renacimiento*. Sevilla: Consejo Superior de Investigaciones Científicas Diego Velázquez.

Hernández Díaz, José (1967): *Museo Provincial de Bellas Artes (Sevilla)*. Madrid: Dirección General de Bellas Artes.

Herrera García, Francisco J. (2000): «El retablo de estípite», en Halcón, Fátima, Francisco J. Herrera García y Álvaro Recio Mir: *El retablo barroco sevillano*. Sevilla: Universidad de Sevilla, Fundación El Monte.

Huget Termes, Teresa (ed. lit.) (2014): *Ciudad y hospital en el Occidente europeo (1300-1700)*. Lleida: editorial Milenio.

Ladero Quesada, Miguel Ángel (1976): *Historia de Sevilla. La ciudad medieval (1248-1492)*. Sevilla: Universidad de Sevilla.

Lampérez Romea, Vicente (1922): *Arquitectura civil española de los siglos I al XVIII*. Madrid: Saturnino Calleja.

Linares Gómez del Pulgar, Mercedes (2016): *Balbino Marrón y Ranero arquitecto municipal y provincial de Sevilla (1845-1867)*. Sevilla: Diputación Provincial.

Lleó Cañal, Vicente (1978): «Recibimiento en Sevilla del rey don Fernando el Católico (1508)», *Archivo Hispalense*, 188, 9-23.

López Martínez, Celestino (1929): *Desde Jerónimo Hernández hasta Martínez Montañés*. Sevilla: Rodríguez Jiménez.

López Martínez, Celestino (1949): *El arquitecto Hernán Ruiz en Sevilla*. Sevilla: Escuela Provincial de Artes Gráficas.

Madoz, Pascual (1845-1850) [1986]: *Diccionario geográfico-estadístico-histórico de España y sus posesiones de ultramar*. Sevilla: Ámbito Ediciones.

Martínez Pérez, Felipe (1950): «La medicina sevillana en el siglo XIII y especialmente en la época de la conquista de Sevilla», *Archivo Hispalense*, tomo XII, 39-40-41, 131-177.

Medianero Hernández, José María (1988): «San Lázaro: el hospital sevillano más antiguo aún en funcionamiento», *ABC*.

Mestre Navas, Pablo Alberto (2017): *Los libros protocolos de bienes de los hospitales sevillanos: la administración de propiedades en el Antiguo Régimen*. Sevilla: Diputación Provincial.

Montoto, Santiago (1990): *Biografía de Sevilla*. Sevilla: J. Rodríguez Castillejo.

Morales Martínez, Alfredo (1982): «Modelos de Serlio en el arte sevillano», *Archivo Hispalense*, tomo 65, 200, 149-162.

Morales, Alfredo, Mª Jesús Sanz, Juan Miguel Serrera y Enrique Valdivieso (1981): *Guía artística de Sevilla y su provincia*. Sevilla: Diputación Provincial.

Moreno Toral, Esteban (1995): *Estudio social y farmacoterapéutico de la lepra: el Hospital de San Lázaro de Sevilla (siglos XIII-XIX)* [Tesis doctoral]. Sevilla: Universidad.

Moreno Toral, Esteban (1997): *Estudio social y farmacoterapéutico de la lepra: el Hospital de San Lázaro de Sevilla (siglos XIII-XIX)*. Sevilla: Diputación Provincial.

Morgado, Alonso (1587) [2007]: *Historia de Sevilla en la cual se contienen sus antigüedades, grandezas y cosas memorables en ellas acontecidas desde su fundación hasta nuestros tiempos*. Sevilla: Biblioteca Hispalense ABC.

Muñoz San Román, J. (1935): «El hospital de leprosos de San Lázaro», *ABC*.

Ortiz de Zúñiga, Diego (1795): *Anales eclesiásticos y seculares de la muy noble y muy leal ciudad de Sevilla, metrópoli de Andalucía*. Madrid: Imprenta Real.

Palomero Páramo, Jesús M. (1983): *El retablo sevillano del Renacimiento: análisis y evolución 1560-1629*. Sevilla: Diputación Provincial.

Peraza, Luis (h. 1536 [2001]): *Historia de la ciudad de Sevilla*, tomo II. Sevilla: Biblioteca Hispalense ABC.

Pleguezuelo, Alfonso (1979): «Azulejos hagiográficos sevillanos del siglo XVIII», *Archivo Hispalense*, 191, 167-190.

Real Academia Sevillana de Buenas Letras (1989): *Los hospitales de Sevilla*. Sevilla.

Reau, Louis (2008): *Iconografía del arte cristiano*. Barcelona: Ediciones del Serbal.

Ruiz Vega, Paloma (2014): «El Hospital de San Lázaro de Sevilla, según documentación de la Real Academia de Medicina de Cádiz en 1829», en *Memorias Académicas de la Real Academia de Medicina y Cirugía de Sevilla*. Sevilla.

Sánchez Gordillo, Alonso (1982): *Memorial de las religiosas estaciones que frecuenta la devoción sevillana*. Sevilla: Consejo General de Hermandades y Cofradías de la ciudad de Sevilla.

Serrera Contreras, Juan Miguel (1976): *Pedro de Villegas Marmolejo*. Sevilla: Diputación Provincial.

Sierra Fernández, Juan Alonso (1982): «Pilas bautismales en el Museo Arqueológico de Sevilla», *Museos* 1, 45-46.

Sota y Lastra, Ramón de la (1904): «La lepra en Sevilla desde el siglo XII hasta el siglo XX», en *Caridad Heroica. Colonia-Sanatorio Nacional de San Francisco de Borja para los pobres leprosos*. Valencia: Tipografía Moderna Miguel Gimeno, 103-106.

Suárez Garmendia, José Manuel (1986): *Arquitectura y urbanismo en la Sevilla del siglo XIX*. Sevilla: Diputación Provincial.

Tolivar Faes, José Ramón (2009): *Hospitales de leprosos en Asturias durante las Edades Media y Moderna*. Oviedo: Real Instituto de Estudios Asturianos.

Torre Ruiz, María Faustina (1992): «Una probable obra de Roque Balduque», *Atrio*, 4, 31-33.

Valdivieso, Enrique (1986): *Historia de la pintura sevillana*. Sevilla: Ediciones Guadalquivir.

Valverde Madrid, José (1956): «La pintura sevillana en la primera mitad del siglo XVI (1501-1560)», *Archivo Hispalense*, 76, 117-150.

Velázquez y Sánchez, José (1866): *Anales epidémicos. Reseña histórica de las enfermedades contagiosas en Sevilla desde la reconquista cristiana hasta nuestros días*. Sevilla: José María Geofrin.

Vilaplana Villajos, Fernando (2013): *De mudéjar a neomudéjar: datación del Patio de Acceso al Hospital de San Lázaro.* ETS de Arquitectura. Universidad de Sevilla. Proyecto de investigación, Instituto Universitario de la Arquitectura y Ciencias de la Construcción.

Vilaplana Villajos, Fernando (2017): *El hospital de San Lázaro en Sevilla. Origen y transformaciones. Relectura desde las aportaciones de la documentación gráfica y el estudio arquitectónico del edificio* [tesis doctoral]. Sevilla: Universidad, disponible en https://idus.us.es/handle/11441/71195

Vilaplana Villajos, Fernando (2019): «El desaparecido 'Nuevo plano para el Hospital Real de San Lázaro', un posible proyecto de Sebastián van der Borcht», *Laboratorio de Arte*, 31, 387-402.

Villar Movellán, Alberto (1979): *Arquitectura del regionalismo en Sevilla 1900-1935.* Sevilla: Diputación Provincial.

Voragine, Santiago de la (1997): *La Leyenda Dorada.* Madrid: Alianza Forma.

Este libro terminó de imprimirse
el 14 de febrero de 2025,
en los talleres gráficos
de Masquelibros,